성 철학
인간의 성적 욕망은 어떻게 생겨날까?

민음 지식의 정원 철학편

003

성 철학

인간의 성적 욕망은
어떻게 생겨날까?

홍은영

민음인

차례

머리말 인간의 성적 욕망은 어떻게 생겨날까?

우리는 태어나 사춘기를 거쳐 어른으로 성장해 가면서 특별한 경우가 아니라면 예외 없이 이성을 향한 그리움과 이러한 그리움을 실천에 옮기려는 충동을 갖고 있다. 누군가를 사랑하고 성적 행동을 하고픈 인간의 욕망은 어디에서 유래하는 것일까?

플라톤은 인간에게는 남성과 여성으로 분류됨으로써 갖게 되는 게누스로서의 성이 있고, 다른 한편으로는 에로스로서의 성이 있다고 보았다. 남자와 여자로 태어나게 되는 인간은 서로를 그리워하면서 상대를 향해 움직이게 되는데, 이때의 모습이 에로스라고 이야기한다. 생물학적으로 정자와 난자가 서로를 향해 미세한 운동을 하며, 외적으로는 '사랑'이라는 형태 아래 서로를 흠모하며 만나기 위해 애를 쓰는 현상에 대한 나름대로의 매력적인 설명이다. '사랑 행위'에 대한 생물학자들의 설명이나 플라톤의 해석을 우리가 설령 모른다 해도, 우리는 살아가면서 실제로 이런 저런 형태로 사랑 행위를 자연스럽게 하고 있다. 생물학적 설명에 따르면 이성에 대한 강한 호기심과 성적 욕망은 인간의 유전자 지도에 따라 분비되는 성호르몬의 작용에 의해 생긴다.

　그러나 인간의 성적 특성은 동물과 다르게 욕망과 쾌락이라는 범주를 벗어나기 어렵기 때문에 사실상 유사 이래 종교적으로, 도덕적으로 그리고 학문적으로 금기시되어 왔으며 특정 시대 상황과 조건에 따라 많은 변화를 겪어 왔다. 인간의 성을 사회적 맥락을 배제한 채 생물학적 입장에서만 설명한다면 인간의 성적 욕망은 자연적인 것으로서 변화 불가능한 하나의 대상일 뿐이다. 그러나 19세기 이후 현대까지 지속적으로 지대한 영향을 미치고 있는 프로이트의 정신분석학에서는 생득적 성 본능이 인간의 성장 과정 동안에 개인의 정체성 형성에 결정적으로 중요한 영향을 미친다고 주장한다.

　이러한 심리학적 본질주의나 생물학적 결정론에 입각한 설명 모두는 20세기 중반에 들어서면서 성이 사회적으로 구성된다는 사회 구성주의로부터 비판을 받게 된다. 출생 시 갖고 태어난다는 성 충동 이론에 근거한 본질주의적 입장은 결국 변화 가능하고 불안정한 성질을 가진 섹슈얼리티 개념에 의해 약화되었다. 이러한 설명 방식은 현재까지 지속되어 오면서 성은 역사적 구성물이라는 입장이 강하게 대두되는 데 기초를 마련해 준 셈이다. 인간의 행위에 의미를 부여하는 것은 특정 시기에 등장하는 사회적 제도나 그러한 사회제도가 보장하는 사회적 의미의 틀 내에서 기능하게 된다는 것이다. 비정상적인 성 문제라든가 윤리적 잣대 모두가 그 사회에서 통용되는 힘의 관계 내에서 결정된다고 보기 때문이다.

이러한 현실을 마주하게 되면 우리는 다음과 같은 질문을 떨쳐 버리기 어렵다. 인간의 본성은 과연 생물학적으로 결정된 걸까? 고대인들은 어떻게 사랑했을까? 고대 그리스에도 오늘날과 유사한 동성애가 있었을까? 아담과 이브를 둘러싼 진실은 무엇일까? 인간을 지배하는 것은 이성일까 비이성일까? 인간은 왜 굳이 금기를 만들고 위반할까? 리비도가 인간의 행동과 인격을 규제할까? 우리가 소비하는 건 기호일까? 상품일까? 성은 억압돼 왔을까? 오히려 해방되어 온 것은 아닐까?

이 책에서는 몇 가지 역사적 고찰을 통해 성과 인간의 욕망이 맞물려 드러나는 인간의 본성이 어떻게 시대에 따라 다르게 인간에게 투영되어 왔는지를 살펴볼 예정이다. 또한 섹슈얼리티를 주요 담론으로 내세워 독특한 이론을 구가하고 있는 현대 사상가들의 이론을 조명해 봄으로써, 위와 같은 문제의식과 질문에 나름의 해답을 찾아보고자 한다.

우선 1장에서는 인간의 성적 욕망이 진화의 산물인지의 여부를 생물학적 진화론의 입장에 비추어 살펴보고, 다음으로는 성을 통해 드러나는 고대인의 욕망과 성적 쾌락 추구의 양상에 대해 검토한다. 그리고 그리스 시대의 동성애 문제를 살펴보면서, 현대적 의미의 동성애와 어떻게 다른지 검토해 보고, 그러한 현상을 낳은 그리스인들의 생활상 및 사회적 특성을 조명해 본다. 다음 장에서는 육체와 죄악을 직접적으로 연결하는 기독교의 교리 영향하에 놓여 있던 중세 시대에 쾌락 거부의 논리를 정당화하는 과정과, 수도원에서의 삶을 이상적 모델로 제시하는 과정을 면밀히 고찰해 봄으로써 이들 간에 놓여 있는 이론의 고리를 풀어 보고자 한다. 5장에서는 극단적 쾌락주의에 기반하고 있는 사드 에로티시즘의 원리 및 사드 쾌락주의가 근거하고 있는 몇 가지 이론들을 살펴본다. 이를 바탕으로 그의 성애론이 갖는 의미를 당시의 사회적 틀 내에서 조명해 보며, 오늘날 우리에게 시사하는 바를 점검해 본다. 아울러 금기와 위반이라는 틀을 가지고 에로티시즘을 설명하는 바타유의 사상과 무의식의 개념을 발굴하여 신경증 치료에 결정적 공헌을 한 프로이트의 정신분석학을 검토함으로써 성적 욕망이 인간의 구체적 행동과 무의식에 어떤 영향을 미치는지를 살펴본다. 마지막 두 장에서는 성을 매개로 한 소비문화가 단순히 상품 판매에서 그치는 것이 아니라, 대중의 의식 틀을 소비에 맞게 무의식적으로 변화시키는 과정을 '과실재'(hyperreality) 개념을 통해 날카롭게 분석하는 보드리야르의 사상, 성이 억압되어 왔다는 종래의 가설을 근본적으로 반박하는 프랑스 철학자 미셸 푸코의 사상을 짚어 본다.

여러 현대 사상가들의 생각을 굳이 빌리지 않는다 해도, 결국 우리가 성에 대해 사고하는 방식이 성을 체험하는 방식을 결정해 비린다는 생각을 떨쳐 버리긴 어렵다. 고대의 경우, 특정 시대가 성을 어떻게 바라보느냐에 따라 그 시대 사람들의 성과 관련된 행동이 규정되었을 터이며, 이는 중세는 물론 현대에 와서도 마찬가지일 테니 말이다. 인간의 성적 욕망! 불변의 본질을 갖고 있는 것이 아니라 우연적일 뿐, 우리는 나름의 성 규범을 습득해 나가고 있는 게 아닐까?

1

인간의 **본성**은 **생물학적**으로 결정된 걸까?

- 사랑에 대한 욕구는 어디서 생겨날까?
- 성적 욕망은 진화의 산물인가?
- 인간은 동물과 유사한가, 다른가?
- 생물학적 결정론은 제도나 규범을 정당화할 수 있는가?

사랑에 대한 욕구는 어디서 생겨날까?

대부분의 동물은 생식이 가능한 시기인 발정기에만 성적 욕구를 느끼며 통제가 불가능한 상태로 치닫게 된다. 반면 인간은 생식이 가능한 시기 이외에 언제라도 성적 흥분을 유발하여 성적 행동에까지 이를 수 있을 뿐만 아니라, 스스로를 통제할 수도 있고 조절할 수도 있다. 이러한 인간 신체 기관의 생물학적 구조 내에서 바로 에로티시즘에 대한 설명이 뒤따라 나올 수 있다. 인간은 동물과 달리 성욕과 성행위 조절을 대뇌의 신피질에서 담당하고 있기 때문이다.

인간의 성욕이란 뇌의 아래쪽에 있는 시상하부에 성욕 중추가 있어서 성호르몬의 농도를 감지하고 조절하여 대뇌에 전달되면서 발생한다. 동물은 호르몬을 분비하는 장소에 문제가 생기거나 제거되면 교미가 불가능해지지만, 인간의 성욕을 지배하는 곳은 대뇌이기 때문에 이러한 행동이 가능하게 된다. 호르몬 분비에 기반을 두어 이루어지는 인간의 성욕구는 일차적으로는 생식 본능에서 비롯된다고 할 수 있다. 그러나 동물과 달리 인간은 사랑의 감정이나 육체적 자극을 통해 성 욕구가 촉발되어 애정을 표현하기도 하며, 때로는 단순한 쾌락을 위해 성적 행동을 하기도 한다.

이러한 과정을 살펴본다면, 결국 동물이나 인간 모두 성적 흥분과 쾌락의 감정은 일차적으로는 생물학적 반응에 기초한다고 볼 수 있다. 그래서 신체 접촉을 하거나 성적 자극을 주는 매체에 접하게 될 경우, 호르몬이 분비되어 흥분하게 된다. 특별히 어떤 사람을 사랑하거나 좋아하지 않음에도 불구하고 이러한 생물학적 반응이 일어나는 것은 바로 인간이 생물학적 본성을 지니고 있기 때문이다. 인간이 사랑하는 행위 과정을 생물학적으로 설명하는 학자들의 이론에 따르면, 인간이 사랑을 느끼고 신체적으로 자극받게 될 때 발생하는 다양한 호르몬의 복합적인 화학작용은 우리에게 쾌감을 유발한다. 우리가 사랑할 때 표정이 더 밝아지고, 웃음을 띠게 되며 행복을 느끼게 되는 이유도 바로 이와 같은 생물학적 기능을 통해서 설명할 수 있다.

만일 인간이 동물처럼 오로지 발정기에만 성적 욕구를 느껴 성적 행동을 한다면 성적 쾌락이라는 용어 자체가 큰 의미를 지니지 못했을 것이다. 그리고 성과 관련된 여타의 문제 자체도 존재하지 않을 것이다. 포르노를 비롯한 성 관련 산업, 성매매, 성을 통한 통제, 정치 등 무수히 많은 문제들이 아예 처음부터 발생하지 않으리라 생각된다. 인간이 대뇌를 통해 성 본능을 조절할 수 있다는 사실은 실제로 인간을 동물보다 우월한 존재로 만들어 주는 동시에, 성과 관련된 여러 가지 사회적 현상들을 야기한다.

현대에 오면서 성은 점점 자기 자신에게만 속하는 사적 고유 영역으로 환원되고, 매매춘이 일상적 삶 속에 끼어들면서 성의 상품화는 급진전되어 갔다. 이러한 상황에서 생물학적 의미의 성은 호르몬 분비를 통한 쾌락적 가치만을 갖게 되었고, 성행위를 통한 출산의 가치는 피임과 낙태가 보편화되면서 퇴색되었다. 인간의 몸 또한 성적 코드와 맞물려 성적 매력을 얼마나 많이 발산하느냐에 따라 몸의 가치가 결정되고 의미를 갖게 된다.

인간의 육체를 통한 욕망의 재해석은 사실상 시대가 부여하는 가치와 의미에 의해 새롭게 옷을 갈아입으며 다른 모습으로 부각될 뿐 아니라 우리의 의식과 행동을 규제한다. 오늘날의 우리와는 달리 고대 그리스인들은 육체의 쾌락(아프로디지아)과 관련하여 무절제함이나 과잉 탐닉의 문제 및 능동성과 수동성의 문제에 관심을 기울였다. 반면에 우리는 성 본능의 대상이 누구이냐에 관심을 갖는다. 즉 성애의 대상이 여자이냐 아니면 남자이냐가 동성애 문제를 논하는 핵심이다. 플라톤이 아테네에서 소년애를 금지시켰던 것은 그것이 자연을 거스르는 것이었기 때문이 아니라, 비도덕적인 것으로 여겨졌기 때문이었다. 여기서 발생했던 도덕적 문제란 남자이면서 남자와 성적 관계를 맺었다는 것에 있는 것이 아닌, 성적 행동을 함에 있어서 네가 '능동적'이었는가 '수동적'이었는가가 문제였다. 수동적인 동성애를 수행한 사람들은 그들이 동성애자이기 때문이 아니라 그들이 수동적이기 때문에 거부되었다. 반면에 우리는 사랑의 대상에 초점을 맞추어, 동성간의 사랑을 비정상의 범주에 가두고 정상성의 문제를 논하는 기준으로 사용한다. 오늘날에 와서도 이러한 기본적 틀은 변하지 않았으나 과거 비정상의 범주에 갇혀 정신적 치료의 대상으로 묶여 있던 동성애가 오늘날에 와서는 또 다른 형태의 사랑 방식으로 수용되기 시작하였다.

이즈음에서 우리는 생물학적 결정론의 입장을 고수하고 있는 사회생물학자들의 주장을 살펴봄으로써 인간 본성이 생물학적으로 이미 결정되어 변할 수 없는 본질을 갖고 있는지, 아니면 환경, 문화 등과의 상호작용을 통해 무한히 변화 가능한지를 살펴보기로 하자.

성적 욕망은 진화의 산물인가?

성과 관련된 다양한 물음에 생물학적으로 접근하여 해명하려고 시도하는 입장에서는 인간의 성적 욕구 및 성향과 본성 그리고 성 역할 등에 대한 설명을 사회나 문화와 같은 인간의 인위적 제도와 정신에 의존하여 제시하기보다는, 진화론적 입장에 기대어 인간 본성과 성 심리의 생래(生來)적 측면을 강조하고자 한다. 이러한 입장에서는 진화 생물학, 인류학, 신경과학 등에서 일구어 낸 연구 성과들을 기반으로 하여 인간의 보편적 성향이나 행동 특성을 설명하는 데 주력한다. 즉 생태학, 분류학, 동물행동학 등에서의 실험 자료를 이용하여 인간의 심리적 행태적 특징 등을 연구한다. 또한 심리학이나 사회학에서 논의된 자료 등을 원용(援用)함으로써 인간의 사회적 행동에 포함되어 있는 생물학적 특성에 대한 일반 원리를 도출해 낸다. 그리하여 성 특성에 관한 진화론적 분석을 통해 남녀의 성 특성이 다르다는 가정 아래 남녀 간 성 차에 따라 서로 다른 성 특성이 파생하며, 이로 인해 남녀 간의 성 선택이나 성 행동은 다를 수밖에 없음을 보여 준다.

또한 진화 심리학은 인간의 일정한 심리적 경향이란 진화 과정에서 생존이나 번식과 관련된 문제들을 지속적으로 해결해 왔기 때문에 오래 남아 발전해 온 것으로 이해한다. 이로써 자연선택 이론이 결국 의식의 틀을 규정한다고 보는 것이다. 게다가 인간의 행동 가운데 성과 관련된 행위는 유전자 전달에 가장 큰 영향을 미치므로 성에 관한 진실을 이야기할 수 있는 가장 적절한 이론은 진화 심리학이라고 주장한다.

이러한 입장들은 모두 성과 관련된 인간의 모든 특성이 생물학적으로 결정된다는 입장을 강하게 표명하고 있다. 그러므로 "생물학적으로 모든 것을 설명할 수 있는가?"라는 물음에 직면하게 되면 이들은 강한 주장을 유보할 수밖에 없다. 진화론에 의존하여 설명할 경우 이러한 생물학적 결정론은 인간이 역사적으로 진화되고 있다는 가설을 전제하게 됨으로써, 진화가 생명체의 목적이며 그것을 매개로 인간은 생물학적으로 진보하고 있다는 이념을 암암리에 내세우게 된다. 그러나 인간의 본성이 역사적으로 변화를 겪는다는 사실이 인간이 역사적으로 진화하고 있음을 반드시 함축하는 것은 아니다. 그러므로 진화론의 입장이나 생물학적 결정론에 대한 다양한 관점에서의 이해와 연구는 인간에 대한 폭넓은 이해의 길을 여는 데 필요하다고 볼 수 있겠다.

인간은 동물과 유사한가, 다른가?

인간은 왜 다른 방식으로 행동하지 않고 지금과 같은 방식으로 행동할까? 본능에 따르는 걸까? 아니면 이런 방식이 인류가 종을 유지시키는 데 가장 유익한 방식이었기 때문일까? 오늘날의 생물학자들은 종의 기원을 생명의 기본 단위인 유전자로 거슬러 올라가 추적한다. 다윈주의자들은 어떤 유전자가 생존하고 어떤 유전자가 도태될지는 자연선택을 통해 결정된다고 주장한다. 이러한 입장에서는 개체가 보유하는 생물학적 차이를 결정짓는 것은 유전적 차이이다.

우리가 동물의 행위나 인간의 신체 구성 방식에 초점을 맞춰 이러한 설명을 논의한다면 큰 이의 제기 없이 받아들일 수 있다. 그러나 개체의 모든 행동이 유전자에 의해 결정된다고 한다면 논쟁을 피해가기는 어려울 듯하다. 왜냐하면 개체와 환경의 상호작용이라는 함수관계를 배제하는 입장을 강화하는 논의를 하게 될 경우, 개체가 환경을 통해 변화를 겪을 가능성 자체가 논의에서 제외되기 때문이다. 물론 적응과 관련된 환경 조건에 의해 진화의 방향이 정해진다는 입장을 지지하게 된다면 극단적 상황을 피해갈 수는 있을지 몰라도, 개체의 행위를 설명하는 주요 요인이 유전자라는 견해와 환경이라는 견해는 서로 팽팽히 대립할 수밖에 없는 구조이다.

　이러한 논의는 인간을 연구하게 되면 더욱 극단적 상황에 직면하게 된다. 동물과 달리 인간은 자연 환경을 변화시키면서 적응해 나갈 뿐 아니라 문화나 전통 및 사회 등과 같은 인공적 환경을 지속적으로 만들면서 그 속에서 삶을 영위해 나가기 때문이다. 생물학적 결정론의 입장을 지나치게 고수하는 사람들은 개의 유전자가 개의 행동 양식을 결정하듯, 인간의 유전자가 인간이 만들어가는 모든 문화 영역까지 지배한다고 생각하는 것으로 보인다. 또 이와 반대로 사회와 문화가 인간의 전체적 삶의 틀을 규정한다고 보는 극단적 입장에 서 있는 사람들은 유전자에 의한 두뇌 활동은 인정하더라도, 여전히 인간의 행동은 사회적 맥락 안에서 이해될 수 있고 인간의 고유한 본성은 생물학적인 것과는 거리가 멀다고 여긴다.

　어떠한 사회도 인간의 생물학적인 기본 특성을 무시할 수는 없다. 그럼에도 불구하고 유전자를 통해 문화를 설명하려는 사람과, 문화가 생물학적인 원인과는 전혀 무관하다고 생각하는 사람 사이에는 상당한 견해 차이가 있다.

사회생물학을 "모든 사회적 행동의 생물학적 토대에 대한 체계적인 연구"라고 정의한 윌슨(Edmund Beecher Wilson, 1856~1939)의 설명대로 사회생물학에서는 다윈의 자연선택설이나 유전학을 통해 인간의 행동을 설명하고자 한다. 또한 사회생물학자들은 학습보다는 유전적 영향을 통해 인간의 정서적 문제까지 설명하려 한다. 그러나 어떠한 행동이 단순히 세대에서 세대로 이어지고 변화를 겪는다고 해서 그러한 행동이 유전적 기원을 갖는다고 단순히 말할 수 있는가? 또한 유전자가 허용하는 행동의 유연성은 어느 정도인가?

사회생물학에 많은 비판이 제기된 이유는 그것이 동물과 인간의 행동을 동일한 방식으로 설명하려는 경우가 적잖이 있었기 때문이다. 이러한 문제점을 극복하기 위해 윌슨 이후의 사회생물학자들은 인간 정신의 특이성과 문화의 중요성을 인정하면서 **유전자 ― 문화 공진화**(共進化) 개념을 내세운다. 이러한 맥을 따라가다 보면 사회생물학은 사회과학을 통합하려는 기획에서 물러나 오히려 사회과학에 의존해야 할 것처럼 보인다.

문화가 단순히 유전자의 운반 도구인지, 아니면 독립적으로 발달하는 것인지와는 무관하게, 대부분의 생물학자들은 유전자를 통해 인간의 행동들을 규명할 수 있다는 데 동의한다. 그러나 우리는 인간을 번식 영역에서 성공을 거두기 위해 경쟁적으로 분투하는 개체로 보지 않고 사회와 같은 좀 더 포괄적인 전체의 구성원으로 파악하여, 예측 불가능한 관계 속에서 살아가는 존재로 이해할 수도 있다. 이렇게 되면 인간의 본성은 '사회의 창조물'로 생각될 수 있으며, 그런 연유로 사회가 서로 다르면 인간의 본성 또한 다르다고 생각할 수 있을 것이다. 이렇게 되면 생물학적인 특성은 부차적 중요성을 갖는 것으로 여겨진다. 밀턴 피스크(Milton Fisk, 1842~1901)는 역사적 상황의 변화가 '새로운 사회질서와 새로운 인간형'을 만들어 낼 수 있다고 주장했는데, 이런 관점에서는 유전자와 관련된 생물학적 논의는 큰 의미를 갖기 어려워진다.

우리가 어떤 입장을 선택하든 복잡한 인간의 속성을 단순히 한 가지 특정 이론에 종속시켜 버리려는 생각은 오류를 범할 가능성이 크다. 인간은 물리적 개체일 뿐만 아니라 동물과 달리 '자의식'을 갖춘 존재이기 때문에 인간의 행동을 유전인자든 문화적 환경이든 어느 한쪽으로만 설명하기는 어렵다. 그러나 어떤 입장을 선택하든 생물학적 관점은 인간을 이해하는 기본 틀이며 인간에 대한 일정한 형태의 통찰을 제공하

는 데 없어서는 안 될 영역이라는 생각을 떨쳐 버리기는 어렵
다. 그럼에도 인간을 단순히 유전자에 의해서만 형성된 존재
라고 간주하기에는 복잡한 문제들이 우리의 발을 붙잡는다.

생물학을 통해 사회과학을 통합하고자 하는 윌슨은 평균적
으로 남성과 여성의 기질에 차이가 있다는 것이 포유동물 생
물학의 일반 원칙과 잘 부합된다고 설명한다. 집단으로서의
여성은 덜 단호하고 신체적으로도 공격성이 덜하다는 것이
다. "그러한 정도의 차이는 문화마다 다르다지만(평등주의자
들이 설정하는 사회처럼 단지 미미한 통계적 차이만 있는 사회
가 있는가 하면, 극단적인 일부다처제 사회처럼 여성이 사실상
노예 상태에 있는 사회도 있다.) 그 차이가 어느 정도 있느냐
보다는 여성들이 성격 면에서 이렇게 질적으로 다르다는 사
실 자체가 훨씬 중요하다."라고 설명한다.

윌슨은 성별에 따른 유전적 차이가 존재하며 행동 유전자
들은 기존의 모든 환경과 상호작용하여 심리 발달의 초기 과
정에서 뚜렷한 분화를 낳고, 그 분화는 그 뒤의 심리 발달 과
정에서 문화적 제재와 교육을 통해 거의 대부분 확대된다고
본다. 행동에 유전적 차이가 있다는 증거는 다양해서 일반적
으로 소녀들은 내밀한 교제를 선호하고 육체적 모험을 꺼리
는 특성이 발견된다는 것이다.

또한 윌슨의 설명에 따르면 진화 과정에서 인간은 발정기를 월경주기 전체에 균등하게 분산시킴으로써 발정기를 제거했다고 밝힌다. 이런 과정을 거치면서 인간에게 성적 감응이 연속성을 띠게 되는 것은 그러한 형질이 결속을 강화시키기 때문이라고 설명한다. 즉 그러한 생리적 적응이 원시인 씨족 구성원들을 더 긴밀하게 결속시킴으로써 다윈주의적 이익을 제공했다는 것이다. 유달리 빈번하게 행해지는 남녀의 성 행위는 남녀의 결합을 확고하게 하는 주된 장치 역할을 했다는 것이다. 성적 쾌락의 탐미자인 인간은 전희에서 성교에 이르는 온갖 유희를 통해 탐닉에 빠져드나, 이는 번식과 별 관련이 없다. 오히려 그것의 진화적 유용성은 인간들의 유대, 즉 결속과 관련이 있다는 것이다. 말하자면 인간의 성적 쾌락이 인간의 결합을 촉진하는 중요한 강화제라는 것이다. 이러한 관점은 생물학을 사회과학과 결합시키면서 진화론의 기제를 사회와 문화 현상에까지 적용시킨다.

윌슨은 동성애와 관련하여서도 의미 있는 설명을 한다. 그는 동성애가 생물학적 의미에서 정상적일 뿐만 아니라 초기 인류 사회 조직의 중요한 요소로서 진화해 온 독특한 자선 행위일 가능성이 높다고 주장한다. 동성애자들은 인류의 진귀한 이타적 충동 중 일부를 운반하는 유전적 담지체일지 모른다는 것이다. 또한 그는 친족선택 가설을 내세움으로써 동성애자가 아이를 가지지 못한다 해도, 방계(傍系)를 통해 동성애 유전자들이 증식할 가능성을 높인다고 설명한다. 그래서 동성애가 생물학적으로 자연스러운 것이 아니라는 근거 없는 가정에 토대를 두고 있는 종교 교리를 근거로 삼아, 동성애자들을 계속 차별한다는 것은 비극이라고까지 주장한다.

생물학적 결정론은 제도나 규범을 정당화할 수 있는가?

생물학적 결정론은 성의 차이를 근거로 차별을 정당화하거나 남성 지배의 역사를 불가피한 진화 현상으로 이해할 수 있는 가능성을 열어 놓고 있다. 그래서 인간 사회에서 벌어지는 사회현상의 틈새에서 각 개인의 생물학적 특성을 토대로 사회적 행동을 정당화하기도 한다. 그리하여 계급, 인종 간 차이, 지위, 부 등에서 나타날 수 있는 불평등을 생물학적 특성에서 찾는다. 또한 남성이 여성에 비해 우위의 능력을 점하는 것은 뇌 구조와 생식 능력의 차이에서 연유한다고 설명하기도 한다. 이러한 식의 생물학적 정당화 과정은 페미니즘의 핵심 주제가 되어 온, 가부장제로 집약되는 남성 지배의 역사를 정당화할 모티브를 제공해 준다. 사실 생물학적 결정론의 입장이 우리에게 수용 여부를 떠나 때때로 위험하게 여겨지는 것은 현재의 제도나 규범을 정당화하여 당연한 것으로 받아들이게 한다는 점에 있다. 이는 결국 사실의 문제가 당위로 이어지는 사태로 이르게 한다.

문화는 시간이 흐르면서 변하며, 문화적 변화는 유전적 변화보다 훨씬 빠르다. 수많은 문화는 각각 차이가 매우 뚜렷하다. 이와 같은 차이를 유전적인 차이를 이용해 거꾸로 추적해 보기란 사실상 어렵다. 인간 행동에 대한 생물학적 설명은 유사성을 설명하는 데는 유익하나 그 차이를 설명하는 데는 별쓸모가 없다는 반박을 받을 가능성이 여기에 있다.

인간들 간의 기본적인 유사성이 뻔한 것이고 중요하지 않은 것이라고 생각하는 사람들과, 이런 유사성이 여러 인간 행동들을 설명하는 데 매우 중요하다고 간주하는 사람들 사이에는 상당한 견해차가 있다. 우리는 인간이 두 팔과 두 다리를 가지고 있다는 사실과 10대에 성숙하고 70세가 될 때까지 늙는다는 사실을 어렵지 않게 받아들일 수 있다. 그리고 이같은 사실은 인간 사회생활에 주어진 바이기에 의식하지 못한 채 지나쳐 버리곤 한다.

그러나 사회생물학은 인간의 행동을 보다 직접적으로 인간의 유전자에 근거하여 설명한다. 그들이 중요하게 생각하는 것은 인간의 다양성 보다는, 의심 없이 받아들이고 있는 기본적인 인간의 유사성인 셈이다. 달리 말하자면 사회생물학은 인간 문화의 다양한 측면이 아니라, 여러 상이한 문화 배경 속에서 살펴볼 수 있는 고정적인 인간 행위로부터 타당성을 확보한다. 이러한 측면에서 사회생물학은 문화 간의 차이를 설명하는 것 보다는 유사성을 설명하는 데 장점이 있다.

럼스덴(Charles Lumsden, 1778~1856)과 윌슨은 '유전자 — 문화 공진화'를 고찰한다. 어떤 의미에서 이런 용어를 만들어 낸 것은 유전자가 행동을 직접적으로 지배하는 것이 아니라, 문화의 매개가 필요하다는 것을 인지한 데 따른 불가피한 결과이다. 유전자가 문화에 영향을 주는 경우가 있듯이, 문화가 유전자에 영향을 주는 경우 또한 있을 수 있다. 여러 세대에 걸쳐 형성된 유전자 빈도는 문화적 요소의 영향을 받을 수 있다고 한다. 이에 따라 럼스덴과 윌슨은 '천 년 규칙'을 제안한다. 이 규칙에 따르면, 한 문화의 성공적인 요인은 한 개체군 내에서 천 년의 시간 안에 유전적 영향력을 행사할 수 있다.

그들은 만약 하나의 문화에서 일부 요소들이 특별하게 장점을 갖는다는 것이 입증된다면, 점차적으로 그런 요소들의 선택을 고무하는 유전자들이 다른 유전자를 희생시키면서 지배력을 가지게 될 것이라고 생각한다. 그들은 "천 년이라는 시간은 인간의 거의 모든 행동 범주에서 실질적인 공진화 및 어느 정도의 후성적(後成的) 성향이 확립되는 데 매우 적절한 시간이다."라고 말한다.

사회생물학이 인간과 다른 생물학적 종의 행동을 비교하는 것에서 출발했음을 감안할 때, 이는 사회현상의 영향력을 상당히 허용하는 것이며 사회생물학의 적용 범위를 불가피하게 축소하게 만든다. 인간의 정신과 문화가 강조될수록 사회생물학이 독자적으로 인간을 설명할 수 있는 내용은 점점 줄어들게 된다. 럼스덴과 윌슨은 '유전자 — 문화 공진화' 이론이 사회생물학의 새로운 영역을 개척했다고 믿으면서, 상이한 환경에서 상이한 문화를 산출하는 배후의 메커니즘을 발견하고 싶어 하지만, 그들이 정신과 문화를 인정한다는 것은 사실상 사회생물학이 더 이상 단순한 환원주의를 채택할 수 없음을 시사한다. 또한 생물학적 종으로서의 인간인 우리가 생물학적 존재 그 이상일 수 없다고 주장하려는 시도는 자기 반박적인 주장에 불과할 수 있다. 왜냐하면 다른 어떤 종도 자기 종에 관해 그와 같은 이론을 만들어 낼 수 없기 때문이다.

2

고대인들은
어떻게
사랑했을까?

- 기원전, 남녀의 사랑은 어떠했을까?

- 길가메시 서사시가 함축하는 의미는?

- 여성에게도 사회적 지위가 부여되었을까?

기원전, 남녀의 사랑은 어떠했을까?

기원전으로 거슬러 올라가면 남녀의 사랑과 성에 대한 기록을 찾기란 쉽지 않다. 그것과 관련된 흔적을 우리가 겨우 접할 수 있게 되는 것은 메소포타미아 문명 이후이다. 고대 이집트와 메소포타미아 지역은 문자를 활용하고 사용했던 가장 오래된 국가이다. 당시 고대인들은 오늘날의 종이 대신에 나무나 돌, 그리고 코끼리 상아 등으로 된 판에 문자를 새겨 넣곤 하였다. 우리는 그러한 유물들을 토대로 그 시대에 이루어졌던 성과 사랑에 대한 이야기를 간접적으로 구성하게 된다.

그러한 흔적에 따르면, 기원전 3000년 전 바빌론에서는 성과 관련된 행동들에 특별한 금기가 주어져 있지는 않았던 것으로 파악된다. 성행위를 하는 것은 인간으로서 자연스러운 것이었고 먹는 행위와 마찬가지로 일상적이면서 인간에게 필요한 하나의 행동으로 이해되었다. 따라서 특별히 규제의 대상으로 여겨지지 않았다.

당시 메소포타미아 지역에서의 결혼 형태는 일부일처제였으며 유년 시기에 부모에 의해 배우자가 결정되는 형태를 띠고 있었다. 때로는 출생 전에 부모에 의해 배우자가 결정되기도 하였다. 오늘날의 결혼 형태와 유사하게 여자는 배우자의 부계 가정에 편입되기 위해 자신의 가족이 사는 지역을 떠난다. 그곳에서 여자는 죽을 때까지 거주하게 되나, 그녀가 후손을 잉태하지 못하거나 여자로서의 기능을 수행할 수 없게 되면, 남편으로부터 버림을 받을 수도 있었다.

이러한 제도가 지속되는 틀 내에서 남자들은 자신의 경제적 능력이나 지위에 따라 여러 명의 여인들을 옆에 두곤 하였다. 그리하여 여자와 남자의 성적 관계와 관련하여 여러 일들이 일어나게 되는데, 몸을 파는 여인이 생겨나기도 하고 가정을 저버리는 경우가 발생하기도 하며 남녀 간의 애정 문제와 관련하여 폭력적 사건이 일어나기도 했다. 여자를 유혹하거나 범하기 위해 기회를 엿보는 이들이 항상 존재했으며 비밀스런 관계를 유지하기 위해 틈을 노리는 남자들 역시 드물지 않게 발견되곤 했다. 여인네들 역시 결혼 기간 내에 자신의 배우자 몰래 비밀을 만드는 일도 있었으며 결국에 가정을 포기하는 일도 발생했다. 심지어는 방해가 되는 남편을 살해하거나 암살하게 하는 방법까지 동원했다고 한다.

물론 이러한 사안이 노출될 경우 남자들과 마찬가지로 여자들도 사형에 처해지는 등 엄격하게 처벌되었다. 이와 같은 과실은 가족의 결실을 심각하게 훼손시킬 수 있다고 보았기 때문이다. 사회적 기능상 가부장적 문화를 형성하고 있는 국가 내에서, 권력을 쥐고 있는 남자에게 하인이나 가축 및 재산이 그의 소유이듯이 여인네 또한 그들이 소유하고 있는 하나의 대상에 속하였다.

길가메시 서사시가 함축하는 의미는?

당시 사회적 요구와 맞물려 있는 일탈적 애정 행위도 특정인에게 피해를 입히지 않는 범위 내에서 이루어질 수 있게 하는 특별한 사람들이 존재했다. 이 여인들은 오늘날과는 다르게 신전의 제식에 참여함으로써 신기하게도 '초자연적 매음녀'라는 칭호를 갖게 되었다. 이러한 여인들과 관련된 흥미로운 신화 중의 하나가 바로 엔키두와 관련된 신화이다. 이 이야기는 메소포타미아 신화에 나오는 3분의 2는 신이고 3분의 1은 인간인 '길가메시 서사시'를 통해 자세한 내용을 들을 수 있다. 이 서사시는 4000년 전 수메르인과 그 이웃 부족들의 삶의 모습을 압축적으로 보여 주는, 고대 세계에 관한 많은 이야기를 담고 있는 감동적인 서사시 중 하나이다. 주인공 길가메시는 처녀가 나른 남사에게 귀속되는 것을 보기 싫어하였으므로 귀족의 아내건 무사의 딸이건 그를 거쳐 가야 했다. 이러한 상황이 벌어지자 여신 아루루는 길가메시의 버릇을 고치기 위해 거대하고 털이 많은 엔키두라는 괴물을 창조했다. 이 괴물은 대초원에서 다른 괴수들과 섞여 살고 있었는데 길가메시에겐 위협적 존재였다. 그래서 그는 엔키두를 향해 무력을 사용하기보다는 수도원에 있는 창녀 하나를 보내 그를 즐겁게 해주도록 했다.

마침내 그 매음녀는 괴물을 유혹하기 시작하였다. 그녀는 옷을 벗고 괴물의 욕정을 받아들이고 괴물을 충동하여 사랑을 가르치고 여자의 기교를 가르쳤다. 6일 낮 7일 밤 동안 둘은 함께 누워 사랑을 나누었다. 그러자 엔키두는 코피를 쏟기 시작했고, 그 후 회복되자 그녀는 그에게 문명의 경이로움을 가르쳐 주고 마치 '어머니'처럼 초원으로부터 평야로 그를 데려오게 된다. 결국 그에게 문명을 깨우치고 사랑을 일깨웠던 사람은 다름 아닌 창녀였던 것이다.

수메르나 바빌로니아 시대에는 창녀라는 직업을 치욕적인 것으로 여기지 않았던 것으로 보인다. 함무라비 시대(기원전 1750년경)의 수도원에는 승려, 하인, 장인, 여수도사, 수녀, 성(聖) 창녀들이 있었는데 창녀들은 숭배자와 신 사이에서 영(靈)적인 매개자 역할을 했다고 전해진다. 성 창녀의 정확한 목적은 잘 알려지지 않았지만 아마도 다산제의(多産祭儀)에서 유래한 것으로 생각된다. 역사 시대까지는 그러한 창녀들의 수입이 수도원 수입의 상당한 몫을 차지했던 것으로 보인다.

이런 식의 애정 행위를 도모했던 제식 집행녀들은 상당수에 달했으나 궁극적으로는 도시의 사회 공간 너머로 추방되었다. 이런 여인들을 사회가 보호하지 않았던 이유는 하나의 배우자로부터 적법한 자손만을 인정하고 가족 내에서 남녀의 역할을 중시했기 때문이라고 할 수 있다. 우리는 이러한 사실을 통해 가족의 테두리 안에서 성적 역할을 허용했을 뿐 아니라 행동 자체에도 일정한 규제를 가했음을 간접적으로 알 수 있다.

여성에게도 사회적 지위가 부여되었을까?

이집트에서는 기원전 3000년경까지는 일부다처제가 통용되다가 일부일처제로 이행한 것으로 보인다. 바빌론에서도 사정은 유사했으나 앞서 언급한 바와 같이 남자의 경제적 여건에 따라 두 번째 부인과 첩을 얼마든지 가질 수 있었다. 다만 가정의 화목을 위해 일정한 제약이 가해졌다고 한다. 두 번째 아내는 '아시세투'라고 불리었는데 그 뜻은 '라이벌'이었다고 한다. 또한 당시 바빌로니아 법에는 이례적인 규정이 있었는데 법적인 아내가 아이를 낳지 못할 경우에는 남편에게 아이를 낳을 수 있는 여자를 마련해 주는 것이 아내의 의무라는 것이다.

이집트, 바빌로니아, 이스라엘 어디서든 '자유로운 여자'(노예와 구별되는 의미에서)는 어려서는 아버지, 커서는 남편의 재산이었던 것이 일반적인 관습이었다. 다행히 애정이 있는 경우를 제외하고는 남편에게 있어 아내는 아이의 어머니, 또는 가정주부 이상의 존재는 되지 못했다. 따라서 의무를 다하지 못할 경우 쫓겨나는 것을 당연한 것으로 받아들여야 했다. 3000년 전에 만들어진 이런 유형의 인간관계는 시간과 장소에 따라 다소 차이가 있었긴 했지만 사실상 유럽은 물론 아시

아, 아프리카, 아메리카에서 19세기까지 지속되었다고 볼 수 있다.

남성 우월적인 고대의 가부장적 사회에서 여성의 법률적 지위가 극히 미약했음은 불문가지(不問可知)한 일이다. 그러나 바빌론에서는 기원전 3000년경에 이미 여성들이 종사할 수 있는 다양한 직업들이 있었던 것으로 전해진다. 요리사, 유모, 직조인, 무당, 마법사 등이 그에 속한다. 당시 이런 직업은 그리 힘든 일은 아니었으나 비천한 일로 간주되었다. 그러나 한편으로 이러한 일들은 남편과 가정의 속박으로부터 일시적으로나마 탈출할 수 있는 기회를 제공해 주었다. 일부 여성들은 신에 귀의하여 정절을 다짐하고 그 대가로 마음의 평화를 얻기도 하였다. 나디투족 여자 무당들은 사업에 뛰어들어 간혹 남자보다 유리한 조건으로 돈을 벌어들이기도 하였다고 전해진다.

오늘날에 많은 논란을 일으키고 있는 구음(口淫) 행위에 대한 기록은 남색의 존재 여부나 그들의 사회적 인정 여부와 관련하여 이해될 수 있을 것으로 보이는데, 일단 그러한 행위 자체는 특별한 혐오나 금기의 대상은 아니었던 것으로 여겨진다. 남색 행위를 했던 이들이 어느 정도에 달했는지는 확인이 안 되고 있으나 그와 관련하여 흥미로운 사실 하나는 동성

애적 행위가 피임을 위해 선택된 하나의 실천 방법이었다는
점이다. 임신을 방지하기 위해 행해졌다는 것은 당시 고대인
들도 의학적 차원에서 생식에 대한 두려움이 있었다는 것을
예증한다.

3

고대 그리스에도
동성애가 있었을까?

- 이성애자가 동성애를 할 수 있을까?

- 그리스 시대의 동성애는 오늘날과 어떻게 다른가?

- 그리스 여인들은 왜 집 울타리를 벗어나지 못했을까?

- 남성들은 여성을 어떻게 대상화했을까?

이성애자가 동성애를 할 수 있을까?

마치 고대 그리스 시대에는 동성애가 사랑 행위에 중심을 이루고 이성애는 단지 보조적인 역할만 해 온 것처럼 인식되어왔지만 실상은 그러하지 않았다. 이성애는 생물학적 종족 보존의 역할만을 했을 뿐이고 에로틱한 사랑의 정점은 남성애였던 것처럼 여겨지기 쉽다. 그렇다면 과연 그 당시의 모습은 어떠했을까? 역사가들의 고찰에 따르면, 여성들이 남성을 유혹하는 정서를 찬양하는 사랑의 시와 연애시가 존재했을 뿐만 아니라 오늘날의 외설(포르노그래피)에 버금가는 유사 흔적들이 발견된 바 있다고 한다.

그리스인의 애정과 관련된 당시의 삶, 특히 성적 행동과 관련된 그들의 생활상은 역사적으로 많은 관심의 대상이 되어 왔다. 왜냐하면 어떤 고대 문명도 우리가 동성애라고 부르는 관계에 대해 그 시대만큼 자연스럽게 공식적인 자리를 부여한 적이 없었기 때문이다. 그러나 그리스인들 자신은 동성애 자체에 대해 싫다거나 좋다거나와 같은 어떤 특별한 입장을 갖고 있지는 않았던 것으로 보인다.

물론 동성애란 개념이 많은 사회에서 발견된 바 있고 널리 퍼져 있었던 것으로 미루어 보면 그것을 이상하거나 특별한 어떤 행동이라고 분류하기는 어렵다. 그러나 유독 그리스인에게서만 특별했던 어떤 것으로 이해되는 것은 그 사회 내에서 지니고 있던 독특한 지위와 규약 때문이다. 당시 남성들 간의 사랑은 이성간의 사랑보다 더 높이 평가되었다.

그리스도교와 유대교적 문화에 젖어 있는 서구 사회에서 동성애는 오랫동안 혐오스럽고 이단적인 행태로 간주되어왔다. 그러나 그들의 또 다른 쪽의 정신적 조상인 헬레니즘 문화에서는 그와는 다른 양상을 보여 준다. 그러나 헬레니즘 문화와 전통에 토대를 두고 있는 기독교 문화는 헬레니즘 문화의 틀을 벗어나기란 어렵다.

그리스인의 동성애 문제와 관련하여서는 그동안 사실상 신중하면서도 애매한 접근이 이루어져 왔었다. 그리스인들의 습속(習俗)을 보여 주는 자료들이 금지되기도 하였고, 현상을 최소화하는데 급급하기도 했다. 그리하여 호기심 많은 독자들은 피상적 설명에 만족해야 했다. 이러한 상황에서 일시적으로 그리스인의 모습 속에서 20세기 초 유럽에서 만연했던 동성애를 정당화하려는 움직임에 적잖은 반발이 있었다.

많은 학자들은 동성애와 관련하여 문제가 되는 모든 측면을 상세하게 연구해 왔다. 특히 신화가 곁들여진 텍스트를 연구함으로써 당시 남자들 간에 있었던 성행동의 실재를 명료히 드러내 보여 주는 데 큰 역할을 했다고 볼 수 있다. 그리하여 당시 남색 현상이 빈번하게 이루어졌다는 사실과 동료 간에 있을 수 있는 남성적 우정을 넘어, 또 교육적 질서 내에서 발생할 수 있는(육체적이기보다는 영적인) 특권적 관계를 넘어서는 애정 관계의 성적 측면을 고찰했다.

하지만 학자들의 설명으로도 부족한 부분이 있는데 그것은 바로 여자들을 회피하지 않는 부류의 남자들에게서 어떻게 이러한 일이 가능하냐는 것이다. 일군의 프랑스 인류학자들은 동성애적 사랑이 나타나는 그리스 신화를 분석함으로써, 그리고 스파르타와 아테네 및 크레타 섬에서 일어났던 행태들을 준민속학적 수준에서 역사적 문헌들을 고찰하여 분석함으로써 그 시대의 시대상을 드러내는 데 공헌했다. 그들은 당시의 이러한 행태를 젊은 남자들이 성인 사회에 통합되는 것을 표시하는 이행 의식으로 설명했다. 집단 안에 재통합하기 위한 실천으로 설명한 셈이다. 물론 그리스의 동성애를 이런 식의 단일 기능에 환원시키지는 않았다. 그러나 그들의 결론은 헬레니즘 세계에서의 이러한 실천의 일상성은 적법한 것이었고, 교육적 측면에서도 또한 정당화되었다는 사실이다.

이러한 논증 과정과 절차를 거침으로써 고대 그리스인들에 의해 행해졌던 동성애는 '성도착'이라는 규정으로부터, 또 원시적 야만인이라는 규정으로부터 벗어날 수 있었다. 18세기경 예수교도에 의해 이런 의식이 검토될 당시 그들의 행태는 야만적인 것으로 낙인 찍혔다. 그러나 그것은 일 측면만을 본 것에 불과했다는 학설이 우세하다. 어쨌든 동성애를 일탈이 아닌 자연적인 실천 행위로서 역사적으로 검토할 것을 요구했던 것은 바로 급진적인 동성애자들이었다.

그러나 다른 한편에서는 그리스 동성애를 성인 의식의 하나로서 환원시키는 것에 반대했다. 왜냐하면 이런 행태가 발견된 것은 몇몇 도시국가뿐이며 다른 데서 밝혀지는 경우는 타락한 형태였다는 것이다. 크레타 섬에서는 젊은 성인에 의해 청소년이 납치되거나 유괴되었다는 기록도 있다.

당시에 젊은이들을 요구하고 원했던 것은 그들이 남자였기 때문이 아니라 그들의 신체가 아름다웠기 때문이다. 기원전

5세기경에 소크라테스의 연인 알키비아데스는 아주 건장하고 아름다웠으며, 신망이 높은 집안의 인물이었다. 남성애 분위기에 휩싸여 있었던 그리스 도시국가에서 지배 계급은 아름다운 신체와 신분이 좋은 젊은 남성을 선호했던 것이다.

그리스 시대의 동성애는 오늘날과 어떻게 다른가?

일반적으로 우리는 성적 행위와 관련된 여러 취향들을 하나의 습속에 환원시키기는 어렵다. 왜냐하면 우리는 신을 믿지 않으면서 신에게 공물을 바칠 수 있고, 다른 것을 생각하면서 기도할 수 있고, 배고프지 않는데도 연회에 참석할 수 있다. 또 목마르지 않으면서도 음료수를 마실 수 있다. 그러나 어떤 욕구도 없이 누군가와 성적 관계를 맺는다는 것은 불가능하다. 적어도 둘 중 한 사람은 욕구를 가지고 있어야 하기 때문이다. 당대의 동성애가 하나의 습속이라 할지라도 욕구나 쾌락을 배제하고 그 성립을 논하기는 어렵다.

그러나 현대 사회에서 겪게 되는 동성애의 문제는 그리스 사회에서 일반적으로 나타나는 동성애의 문제와는 다른 각도에서 바라볼 필요가 있다. 우선 그리스 사회는 남성 호모에 대해 어떤 불쾌감이나 반감을 가지지 않았으며 당시 그 사회는 지속적으로 남성애를 지향하는 사회적 분위기를 유지하고 있었다.

이는 현재의 동성애를 위한 역사적 모델을 그리스에서 성급하게 찾아서는 안 되는, 그리고 고대 그리스를 게이들의 파라다이스로 만들어서는 안 되는 이유이기도 하다. 동성애적 행위는 그들에게 있어서 관례적 사회 행위의 일부였으며 청년기의 마지막에 이루어지는 성인의식으로만 이해되었던 것은 아니었다. 아름다운 소년을 찬양하는 에로틱한 시들은(헬레니즘 시대에서 비잔틴 시대에 이르기까지 학자들에 의해 충실히 전수되어 온) 더 이상 비밀스런 문학이 아니었다.

아테네 시대의 단지에 그려져 있는 판화는, 거리낌 없이 남성애를 찬양하는 장면들로 가득 차 있다. 그것은 모든 사람의 시선에 자연스럽게 열려 있는 것으로 합법적 표현이었다. 금기가 아니었던 것이다. 그것은 스스러움 없이 이루어졌다.

귀족 상류 지식 계급에서 남성애가 지배적으로 이루어졌다 해도 그것만 존재했던 것은 아니다. 그리스에서 동성애는 쾌락의 측면을 무시한 의례적인 것이 아니었다는 설명이 지배적이다. 그들은 결혼해서 아내가 있고 아이를 낳으며 때론 창녀촌을 기웃거리기도 하지만, 가능하다면 여전히 젊은 남자의 육체를 탐하며 그들과 관계를 맺었다. 그리스인들은 남성과 여성 커플보다 남성과 남성 커플을 중요한 것으로 여기며 우위에 놓았다.

동성애자들의 성적 관계가 대다수에 의해 이루어졌지만 이성애의 규범이 존재하지 않았던 것은 아니다. 현대와는 다르게 그리스 사회는 이성애와 동성애 간의 차이를 인지하게 하고 어느 한쪽을 허용해 주려는 의도가 담긴 관용을 필요로 하지 않았다. 왜냐하면 관용이란 어떤 규범의 존재를 암시하기 때문에, 그것을 격리시켜 놓으려는 입장에 있는 사람들에 대해 관대한 인정을 요구하는 데서 성립한다. 그런데 그리스의 동성애는 관용이 필요 없는 인정된 행동으로 받아들여졌다.

물론 모두가 동성애를 추구했던 것은 아니지만, 많은 사람들에 의해 이루어졌다. 크세노폰은 결사적으로 단호하게 반대했던 인물 가운데 한 사람이나 남성끼리의 사랑을 높이 평가했던 것만큼은 부인하기 어렵다.

그리스 여인들은 왜 집 울타리를 벗어나지 못했을까?

귀족들이 또 지식층이 동성애를 지향하는 이러한 상황은 그리스 도시국가 내 여성들에게 그다지 호의적인 위치가 부여되어 있지 않았다는 것을 간접적으로 보여 준다. 당시 사람들은 여성들에게 어떠한 사회적 위치도 부여하지 않았다. 따라서 여인들은 좋은 환경이나 사회적 상황에 노출될 기회로부터 배제되었다.

당시 좋은 가문에서 태어난 그리스 여인들이 가져야 할 이상적 삶의 모습은 집에 틀어박혀 칩거하거나, 가사에 몰두하는 것이었다. 그래서 가능한 한 공공장소에서 대중의 시선에 노출되지 않으려고 노력했다. 따라서 정숙하고 성실한 아내란 많은 사람들의 눈에 띄지 않는 여인이었다. 반면에 남자들은 종교적 의식이나 행사뿐 아니라 모든 공공적 사회적 삶의 영역을 지배하였다. 연회에서 약간의 여인이 보인다 할지라도 그것은 무희이거나 악기 연주자 또는 창녀였을 뿐이므로, 남자들의 즐거움이나 쾌락을 위한 소도구에 불과했다. 그러나 이러한 존재나 이들의 출현조차 드문 일이었다. 이런 연유로 아테네 시대의 판화나 글에 그려지거나 묘사된 것은 언제나 남자들의 모습이었다. 여자가 운동 경기나 체육장, 단련장 등 경기장에 모습을 드러내는 일이란 거의 없었다.

당시 사회는 남성 위주의 배타적 독점적 사회였다. 공공장소에서 여성의 존재를 근원적으로 치워 버린 남자들은 거리낌 없이 타자의 신체를 주시하고 그 신체의 유혹에 이끌리며 자유롭게 호기심과 마력에 만족하여 탐닉했다고 볼 수 있다.

그리스 사회에서는 유복한 집안의 남자일수록 많은 여가를 즐기게 되고 남자들이 많이 모이는 장소에 나타나게 된다. 또한 지속적으로 이런 장소에 나타날 기회가 부여되었다. 물론 이러한 남자들이라 할지라도 그들은 자신의 가정에 적법한 아내를 두고 있었다. 그러나 그들 사회집단의 분위기는 남자들을 끊임없이 남자 위주의 환경 속에 몰아넣었다. 예컨대 의회에서나 광장에서나 연회에서나 신체 훈련장에서나 어디든 남자들의 집회 외에는 존재하지 않았다. 그리하여 여자들의 시선이 없는 곳에서 그들은 남성이 가지고 있는 신체의 아름다움을 무한정 향유했다.

나체 상태의 남성 신체가 가지고 있는 아름다움은 고대 그리스의 조각 작품들에서 아주 잘 확인할 수 있다. 남성 신체의 나체상이 여성의 것보다 숫자에 있어 우세했다. 여자들의 조각상이 부드러운 곡선을 자랑하며 등장하기까지는 기원전

5세기까지 기다려야 했던 것이다.

사실상 그리스에 편재해 있는 남성애의 보편성을 나타내는 나체상은 이와 같은 사실을 보여 주나, 간과하면 안 될 것은 당시의 조각상과 그림은 오늘날의 미술 영역에서 이루어지는 누드화와는 차원이 다르다는 점이다. 그것은 우리 시대처럼 문화적 유산으로서의 특징만을 갖는다고 말할 수 없다. 그것은 성적 능력을 드러내고, 남성의 다산성을 암시하기도 한다. 또 남자의 신체에 대한 남자들의 기호와 취미를 반영하며 그 아름다움을 과시하는 데 치중한다. 그리스 시대에 나신상은 단지에만 그려져 있었던 것은 아니었다. 그들은 실제 운동경기장에서 기름을 온몸에 바르고 의도적으로 옷을 거의 벗고 뛰었다. 당시에 신체를 노출하는 것은 오히려 문명의 상징이었다고 역사학자 투키디데스는 기록하고 있다.

남성들은 여성을 어떻게 대상화했을까?

그렇다면 남성 중심적인 고대 그리스 사회에서 남자들과 관련하여 여자들은 어떻게 나누어질 수 있었는가? 우선 당시 남자들이 매음녀를 찾았던 것은 쾌락을 위해서였으며 내연의

첩을 갖는 것은 일상의 보살핌을 위해서였다. 그리고 배우자
는 적법의 후손과 가정을 지키기 위해서 필요했다. 기원전 4
세기경 아테네의 변사(이야기꾼)가 남긴 이야기를 통해 우리
는 고대 그리스 사회에서, 특히 아테네 사회에서의 여인들의
지위와 위치를 잘 파악할 수 있다.

기원전 4~5세기경, 그리스 도시국가에서 일부일처제의 결
혼 형식은 오래전부터 사회의 토대를 이루고 있었다. 호메로
스에서 이미(혼인은 아주 견고하게 고정되어 있었던 것은 아니
지만) 모든 영웅들(큰 인물들)은 부인으로 한 여자를 두고 있
었다. 이러한 아내는 남편을 위해 가습과 재산을 부여받게 할
자식을 낳도록 되어 있었다. 남자들이 집을 떠나 멀리 갈 때
자신의 집을 맡겼던 것은 바로 그들의 아내였다. 그녀는 하인
들에 둘러싸여 지내며 재산을 지켰다.

도시국가였던 아테네에서 부부 결합의 적법성과 관련한 법
규는 명확하게 규정되어 있었다. 배우자는 그의 젊은 아내를
약간의 지참금과 더불어 건네받는 것으로 충분하지 않았다.
사위와 장인 모두 아테네서 출생했어야 했는데, 이는 페리클
레스에 의해 취해진 명령에 따라 이루어졌다. 이는 아버지가
자식에게 그의 재산을 상속하는 것만을 의미하는 것이 아닌,
시민의 자격 자체를 전수하는 것을 뜻한다. 이러한 과정을 거

치면서 어떤 낯선 여인(외국인, 이방인)과의 관계도 적법한 것으로 간주될 수는 없었다.

그러나 만일 어떤 여인(아내)이 간음을 하게 되면 처벌되었으며, 특별한 소송 절차 없이 죽음에 처해질 수 있는 현행범의 경우, 그 배우자인 남편은 자신의 집안에 첩을 들일 수가 있는 자유를 가졌다. 이때 상대가 되는 여인들은 가난할 경우가 많았으며 지참금 없이 받아들여졌다. 이때, 남자는 그녀로 하여금 아이를 갖게 할 수 있지만, 태어난 아이는 적자로서의 지위를 획득하지 못하고 사생아의 위치를 갖게 된다. 이 사생아가 적자로 될 수 있는 조건은, 정식 배우자가 아이를 잉태할 능력이 없거나 그 도시국가 내에 남자가 부족할 경우이다.

디오게네스에 따르면, 펠로폰네소스 전쟁에서 아테네가 대패한 이후 아테네인들은 자식을 갖기 위해 첩을 취할 수 있었다. 예컨대 소크라테스가 그의 집안에 두 번째 여인인 미르토를 그의 본부인인 크산티페 옆에 둘 수 있었던 것은 바로 이런 연유에서였다.

4

아담과 이브에 가려진 진실은 무엇일까?

- 원죄는 상속되는가?

- 육체적 쾌락은 본성인가, 죄악인가?

- 우리는 성녀의 모델을 따라야 하는가?

- 육체를 가두어 버린 중세에는 어떻게 사랑했을까?

원죄는 상속되는가?

우리는 어린 시절에 성경에 관한 이야기를 듣곤 한다. 그중에서도 특히 성경의 첫 부분은 우리 인류 종족의 기원에 관한 본질적이고도 근본적인 상상을 제공한다는 점에서 흥미롭다. 인간 최초의 커플인 아담과 이브의 오래된 모험은 인류의 기원과 관련하여 우리에게 끝없는 이야기 고리를 엮게 한다. 성경에 따르면 인류는 최초의 부모인 아담과 이브가 저지른 잘못에 의해 황금기가 짧게 끝나고, 신의 저주가 시작되어 이브를 유혹했던 뱀은 땅에서 기어 다니게 된다. 그리고 인간은 선악을 구분하며 수치심을 느끼게 된다.

사실 이 이야기가 지닌 모호성으로 인해 신학자들 간에 많은 이견이 오고 갔다. 그래서 성경을 연구하는 많은 학자들은 이야기의 본질적인 윤곽 내에서 역사적 '진실'을 구하기 위해 노력해 왔다. 커플의 존재, 그리고 그의 전체 후손을 근본적으로 타락한 상태로, 또 모순과 고뇌로 가득 찬 존재로 처하게 하는 과오 등에 대해 탐색해 왔다.

그렇다면 역사가들은 이 이야기를 어떻게 이해해 왔는가? 그것을 판단하기에 앞서 우선 그 시대로 이야기를 다시 돌려놓고 연구할 필요가 있다. 이러한 목적아래 성경의 창세기에서 여호수아(모세의 후계자)까지를 자세히 검토하는 것은 의미 있는 일이다. 성경 안에는 세계와 인간의 창조에 대한 이야기가 언급되어 있다. 신은 말 한마디로 우주와 그것을 포함하는 전체를 창조한다. 그리고 마지막에 동물 종족을 만든 다음, 아담의 갈비뼈로 그의 아내 이브를 만든다. 그런데 이 이야기만으로는 종족을 번식시키는 것과 관련하여 필요한 진실을 우리에게 제공해 줄 수 있는 무엇인가를 찾기는 어렵다.

우리는 아담과 이브가 우리 시대의 기초 단위이자 사회의 근본 단위인 부부, 그것도 일부일처의 형태를 띠고 있음을 쉽게 알 수 있다. 그런데 오래전부터 성경의 독자나 신봉자들의 호기심을 자극해 왔던 것은 이것이 아니라 다른 측면에 있었다. 인류 최초의 커플이 범했던 과오, 말하자면 인류의 운명을 악화시키고 그들의 본성을 혼란에 빠뜨렸던(기독교 신학에 따르면) 잘못된 행동과 같은 것에 관심이 기울어져 있었다.

사실 아담과 이브의 잘못이 갖고 있는 물질적 측면, 즉 금단(먹기에도 보기에도 좋았던)의 열매를 먹었다는 사실은 전적으로 부차적인 것이었다. 본질은 바로 '신의 의지'를 위반했다는 데에 있다. 본래 주어져 있던 인간의 조건을 넘어서는 한계를 지나친 행동, 즉 신의 능력에 도전하는 행동. 선악을 구분할 수 있으며 자신을 더 지혜롭게 하려는 욕망을 갖고, 그것을 신의 의지와 관계없이 실행해 옮겼다는 데 있다.

육체적 쾌락은 본성인가, 죄악인가?

전적으로 기독교의 영향 아래 놓여 있었던 중세 시대에는 교리와 맞물려 종교적 색체를 띤 새로운 성 윤리가 성직자들에게 뿐만 아니라 세속인에게도 부과되었다. 육체와 살은 악마적인 것일 뿐만 아니라 죄의 원천으로 여겨졌고, 처녀성(순결)은 교회의 이상이었다. 일반적인 견해에 따르면 3~4세기를 기점으로 서구 고대는 성과 관련하여 일정한 전환점을 맞게 된다. 성, 육체적 쾌락이 어떤 긍정적 가치를 갖고, 성적 자유가 지배하던 고대 그리스 라틴 시대와는 달리 성에 대한 부정적 인식이 생겨나고 그것의 실천에 대한 엄격한 규칙이 자리 잡기 시작했다.

폴 베인느(Paul Veyne, 1930~)와 미셸 푸코(Michel Foucault, 1926~1984)에 따르면, 이러한 전환은 기독교 등장 바로 전에 시작되었고, 그것은 1~2세기의 로마제국 시기까지 거슬러 올라가며 로마의 이교도들에게는 엄격주의(남성성의 순화)가 존재했다. 기독교는 성의 영역에서도 시대의 흐름에 의존하고 있었다. 그래서 기독교는 첫 4세기 동안은 경제적으로나 사회적으로 또 이념적으로 광범위한 전환기에 있게 된다. 폴 베인느가 지적한 바와 같이 기독교는 신학과 성서(창세기나 원죄에 대한 해석, 바울의 가르침)에 기초하여 원죄의 문제를 정당화했고, 이 작업은 매우 중요한 일이었다.

당시 기독교는 지배 계층과 귀족 계층에 일정한 변화를 가져왔을 뿐만 아니라 행동에 일정한 개념적 틀을 부여했다. 그리고 교회에 의해 엄격하고 이념적이며 사회적인 통제가 시작됨으로써 세속적 권력도 교회에 봉사하지 않을 수 없게 되었다. 기독교는 마침내 기독교의 이상적 형식 아래서 새로운 성(性)의 모델을 실현하는 본보기가 되는 사회를 제공하게 되는데, 그것은 수도원의 형식으로 나타난다.

사실상 기독교와 더불어 시작된 첫 번째로 새로운 사항은 바로 육체와 죄악을 연결하는 부분이다. 육체를 죄악과 동일시하는 표현은 중세에 빈번했던 것이 아니라, 오히려 중세를 따라 의미의 변화를 거치면서 최고의 권위인 성서가 성생활 억압을 정당화하기 위한 하나의 도구적 기능을 해 온 것을 엿볼 수 있다.

우리는 요한 복음서에서 "말씀이 곧 사람이 되셨다."라는 구절(1장 14절)을 찾아볼 수 있다. 그리고 예수는 최후의 만찬에서 자신의 살로부터 영생의 빵을 만들라는 언급을 한다. "이것은 세상의 삶을 위한 나의 살이다……나의 살을 먹고 피를 마시는 자는 영생을 얻으리라(6장 51~54절)." 그러나 요한은 이미 육체와 정신을 대립 관계에 놓았다. "살아 있는 것은 정신이요, 육체는 아무것도 아니다(6장 63절)." 바울은 약간 변형시켜 다음과 같이 설명한다. "신은 자신의 아들을 보냄으로써 육체 안에 깃든 죄를 벌하였다. 왜냐하면 육체의 욕망은 곧 죽음이다. 만일 당신이 육체를 좇아 살기를 원한다면 당신은 죽으리라(로마인에게 보내는 편지, 8장 3~13절)."

그러나 고대 기독교(초기 기독교)는 단 하나의 육체의 죄보다는 육체에 내재한 죄악의 다양성에 대해 이야기한다.

성에 대한 비난은 다음의 세 가지로 집약된다.

가) 간음: 신약에서 나타나는 13세기말부터 특히 두드러지게 나타나는 간음 행위에 대한 비난.

신의 여섯 번째 계율: 결혼 생활의 내부에 포함되어 있는 불법적인 모든 성적 행동을 지시하는 '간음하지 말라'.

나) 음욕에 대한 비난

다) 음탕함에 대한 비난: 5~12세기까지 주요 죄의 체계를 구성하는 것으로 모든 육체의 죄를 망라한다. 지옥에 떨어질 7가지 죄 중의 하나.

우리는 성녀의 모델을 따라야 하는가?

성적 쾌락을 추구하는 자에 대한 비난이 기독교 교리 내에 일정하게 자리 잡고 있었던 반면에, 구약성서에 나오는 아가(아름다운 노래)의 대부분은 에로틱하고 사랑의 열병에 빠져 있는 부부애에 대해 찬양하고 있다. 그러나 이러한 사실에 대해 유대교적 전통 속에 있던 기독교는 가장 축복받는 결합은 신과 신실한 영혼과의 결합, 그리스도와 교회와의 결합이라는 식의 해석을 내놓았다.

신약에서 복음서들은 성에 관해 신중한 태도를 보인다. 결혼을 허용하되 일부일처제를 따르며 혼인을 파기하지 않는다는 조건하에서 성이 용인되었는데, 여기에서 바로 간음과 이혼에 대한 비난이 생긴다(마태복음 19장 2~12절). 그러나 마리아는 성처녀로 남아 있고 예수는 독신자로 머물러 있다. 이러한 모델은 중세의 반(反)혼인적 서류에서 드러난다. 이러한 문서는 특히 바울의 글에서 많이 나타난다.

바울은 육체와 영혼을 대립 구도 내에서 바라본다. 그리하여 육체 안에서 죄악의 원천을 보며 육욕은 되도록이면 피하는 것이 바람직한 것으로 설명한다. 그는 결혼을 부득이한 수단으로서 인정한다. "남자는 여자를 삼가는 것이 좋다. 사랑의 불로 고통을 받는 것이 나은지 결혼하는 것이 나은지의 경우, 더 좋은 것은 '결혼하지 않는 것이다.'라고 결론 내린다(고린도 전서, 7장)." 왜냐하면 육체는 영구적 죽음에로 이끌기 때문이라는 생각에서이다. 바울에게 있어서 처녀성, 동정, 금욕에 대한 이러한 호소는 인간의 신체는 존중되고 보존되어야 한다는 생각에 기초하고 있다. 여기서 신체는 영혼을 지키는 막사와 같은 것으로 이해된다. 당시 죄악 생산의 중심에서 방탕과 남용의 자리에 동화되어 있는 신체와 살에 대한 악마화는 한편으로 신체에 대한 위엄성을 제거해 버렸다.

이러한 시대의 흐름에 맞물려 이루어진 성에 대한 인식 변화에 있어 중요한 것은 오랜 기간에 걸쳐 원죄를 육체의 죄악과 동일시해 온 과정이다. 음욕을 매개로 원죄와 성적인 욕구를 결정적으로 연결시켰던 인물은 바로 아우구스티누스(Aurelius Augustinus, 354~430)였다. 아우구스티누스는 395년과 430년 사이에 세 번 이상 되풀이하여 음욕은 원죄를 전달한다는 것을 공식적으로 확증한다.

아담과 이브의 자녀들 이래로, 원죄는 성행위에 의해 인간에게 대물림된다는 이러한 개념은 12세기에 아벨라르(Pierre Abélard, 1079~1144)와 그의 제자들을 제외하고는 일반화되었다. 선교사들, 고해자들, 도덕론의 저자들 대부분에 의해 이루어진 통속화 과정에서 시대의 변화는 원죄를 성적 죄악에 동화시키는 데까지 갔다. 인류의 생산은 음욕 때문에, 성교를 동반하는 과실 내에서 생긴다는 것이다.

이러한 분위기 속에서 이론적인 동시에 실천적인 움직임이 처녀성을 존중하는 쪽으로 발전되었다. 신에게 바쳐진 성처녀들은 특별히 공동체의 중심을 이루며 별도로 살아간다. 사실상 그녀들은 신의 배우자로 간주되었다. 성과 관련한 이러한 거대 움직임은 성적 순결 추구의 형태로 나타났다.

이런 식의 새로운 성 윤리는 '쾌락의 거부' 형태로 나타난다. 순결에 대한 갈망은 청년 시기에는 두려움을 주는 요소로 작용했다. 한편 새롭게 성립된 기독교적 성 윤리에 의해 가장 크게 희생을 치른 것은 결혼이었다. 왜냐하면 최소한의 악이 항상 성적 행위를 동반하는 음욕에 의해 죄의 형태로 나타날 수밖에 없기 때문이다. 당시 결혼 상태란 상인의 상태와 마찬가지로 신에게 환심을 사기 어려운 조건인 셈이다.

이러한 시대적 흐름에도 불구하고 인간 삶의 자연스런 흐름을 역행하는 수도원의 모델은 서구 정신세계와 행동에 큰 영향을 끼쳤다.

실천에 대한 규정의 도랑은 사실상 거대했다. 중세의 나병 환자들은 몇몇 신학자들에 의해 사회의 지배적 범주에서 벗어나고 지배 계층들의 생활과는 다른 성적 행위를 하는 사람과 관련이 있다고 알려졌다. 행실이 나쁜 사람을 경계하기 위해 그 당시 사람들은 성 행동의 영역 내에서 그 근거를 찾았다. 그리하여 나병이란 적절하게 청결과 순결을 지키는 현자에게서 생겨나는 것이 아니라, 자족할 줄 모르는 시골뜨기에게 생긴다고 설교에서 언급하기도 하였다.

중세를 지나면서 생긴 두 가지 믿음이 있다. 강박적이고 죄의식을 갖게 하는 질병인 나병(페스트가 14세기 중엽에 그 자리를 물려주었다.)은 그 기원이 사악한 성행위에서 비롯된다고 보는 것과, 무지한 자들은 성을 남용한다는 것이 바로 그

두 가지이다.

이런 식의 새로운 성 윤리는 서구에 수세기 동안 부과되었다가 시간이 흐르면서 천천히 변화를 겪기 시작했다. 성에 대한 그러한 생각은 거의 중세기 동안 지배했으나 이러한 흐름에 대한 반발이 전혀 없었던 것은 아니다. 3개의 커다란 사건이 있었는데 교회의 독립을 주장한 그레고리우스 7세(?329~?389)에 의한 교회 개혁, 성직자와 세속인의 성적 측면에서의 구별, 일부일처제 모델의 승리가 그것이다.

성직자와 세속인을 구분하는 가장 좋은 경계가 바로 성의 경계라는 생각이 지배하게 되면서, 전자에는 동정을 후자에는 결혼을 부여하게 되었다. 그 구별은 깨끗함과 불결함의 형태에서 비롯되었다. 성직자들은 정자도 피도 퍼뜨려서는 안 되며 종족 번식을 통해 원죄를 전달해서는 안 된다. 그리하여 교회는 독신자들의 사회가 되어 갔다.(그러나 그렇게 된다면 종족이 없어질 터인데 누구를 구원할 것인가?) 반면에 세속 사회는 결혼의 울타리 내에 가두어지게 되었다.

육체를 가두어 버린 중세에는 어떻게 사랑했을까?

금욕, 순결, 처녀성을 중시하는 당시 교회 윤리에서 볼 때, 합법적으로 인정되는 성관계는 결혼뿐이었다. 따라서 부부관계에서 발생하는 성행위를 제외하면 모든 것은 간음으로 간주되었다. 그러나 13세기 말에는 인구 증식을 위해 임신한 배우자와의 관계까지 허용(태아에 위험을 주지 않는다는 조건 아래서)했다. 또 생식을 목적으로 하지 않는 성관계도 허용했다.

교회가 추구하는 이상이라는 것은 간단히 말하면 '순수함'의 이상이었다. 이는 교회 사회를 구축하려는 그들의 욕구와 맞물려 있었다. 그것은 세계로부터 일정한 거리를 두었고 성직자들의 독신 생활에 토대를 두고 있었다. 성적 욕망에 감염될 가능성으로부터 벗어나기 위해 성직자들에게는 여자를 멀리할 것이 요청되어 왔다. 이러한 생각은 서구 기독교 이념의 상당 부분을 구성하고 있었고 이러한 틀 위에서 여자는 남자를 유혹한다는 생각이나 더럽힌다는 생각이 생겨나게 되었다. 제단을 신성하게하고 더럽히지 않기 위해 공동체의 이름으로 성직자에게는 금욕과 절제가 요청되었다.

그런데 재미있는 것은 11세기에 성직자들이 동거 형태로 살고 있었다는 점이다. 심지어 결혼한 성직자가 이탈리아 북부 밀라노에서 발견되기도 하였다. 그 성직자는 그 재산을 자신의 아이들에게 물려주었으나 교회에 의해 몰수당하기도 하였다. 결국 1123년에 종교 회의를 통해 공식적으로 성직자에게 결혼과 동거가 허용되지 않게 되었다. 이후 규정에 어긋난 행동은 범죄로 치부되었으나 엄격하게 규제하지는 않았다.

그렇다면 우리는 이러한 관용을 어떻게 설명할 수 있는가? 우리는 이러한 사실을 통해 한 사회가 인구 문제에 대해 어떻게 정서적으로 배려했는지를 예측할 수 있다. 1400년 이후 페스트로 인해 이후 인구는 최저 상태에 달하여 어떤 마을은 페스트 이전 상태보다 3~4배 줄어 있었다. 그리하여 생식에 반대되는 행위는 모든 수단을 동원하여 금지 또는 저지시켰다. 마스터베이션이나 동성애는 금기의 예로 간주되었다. 또한 이러한 맥락에서 성직자의 독신 생활에 대한 반론도 적지 않았다. 13세기 이전과 이후, 중세의 습속에는 분기점이 있었다. 이전에는 인간의 삶과 쾌락을 엄격하게 관리하고 다루었던 반면, 이후에는 좀 더 완화된 모습을 보였다. 13세기 이전에는 수도원에 의해 당시인의 삶이 상당 부분 지배되었던 반면, 그 이후에는 그들의 지적 도덕적 영향력이 상당히 완화되었다.

5

인간을 지배하는 것은
이성일까, **비이성**일까?

- 사드는 잔혹극의 주인공이었을 뿐인가?

- '덕'이 '악'이 될 수 있는가?

- '절대 인간'은 가능할까?

- 이성적 인간과 야만인은 근본적으로 다른가?

- 사드 에로티시즘은 어떤 극단적 선택을 하고 있는가?

사드는 잔혹극의 주인공이었을 뿐인가?

진정 우리의 삶을 지배하는 것은 어떤 곳에서 기원하는 힘일까? 오랫동안 우리는 "인간은 이성적 동물이다."라는 말을 귀가 닳도록 들어온 탓인지 몰라도 우리 자신을 지배하는 가장 강력한 힘은 합리적이고 이성적인 그 어떤 것이리라 생각한다. 그리고 이러한 속성이 바로 인간과 동물을 구분지어 주는 결정적인 요소라고 주저하지 않고 대답한다. 이런 탓에 우리는 한 번도 인간의 합리적 속성에 의문을 던지지 않는다.

그러나 이러한 일반적인 생각에 가차 없이 일격을 가하고, 인간의 비이성적이며 폭력적 속성에 손을 들었던 인물이 있었는데 그가 바로 우리가 '**사디즘**'이라는 용어를 통해 익히 들어왔던 사드 후작(Donatien-Alphonse-Fraçois de Sade,

1740~1814)이다.

사실 신비에 싸인 인물로 분류 되는 사드는 어떤 인물이었는지 명확하게 해명되지는 않았다. 그의 작품이 역사가의 작업인지 이론가의 작업인지, 아니면 그 자신의 신경증과 동시대인들의 신경증을 임상적으로 묘사한 성(性)과학자인지, 또는 인간 사회와 자연의 비관적 개념을 유혈의 공포로 묘사하는 소설가적 기량을 지닌 철학자인지 불분명할 때가 많기 때문이다. 어떻게 보면 사드 후작은 그 시대의 습속에 대한 역사가였는지도 모른다. 또는 그의 충동의 배출구를 문학적으로 추구하려는 시인인지도.

그가 처음 감금당했던 나이인 32살부터 죽음을 맞이했던 64세에 이르기까지 사드가 자유로운 삶을 누렸던 시기는 12년간에 불과했다. 그는 성과 관련된 기이한 폭력적 행동과 관련된 작품 활동으로 말미암아 오랜 시간 동안 수감되어 있었기 때문이다. 그는 귀족 가문의 출중한 외모를 지닌 여인들과의 관계를 뽐냈으나 후에 지나치게 자유분방한 행동을 보임으로써 당대의 사람들에 의해 치욕적인 인물로 규정되었다.

쾌락 추구를 지상 과제로 여겼던 그는 지옥 같은 지하 감옥과 빈민 구제원 등지에서 많은 시간을 보내게 된다. 부르봉 왕조와의 친교 속에서 성장했던 그는 제수이트 교도들의 영향을 받는다. 15세에 육군 소위로, 19살에는 지휘관이 되었던 사드는 유럽에서 가장 유명한 파리 매음굴을 밥 먹듯이 드나들며 어린 나이에 이미 방탕아의 대명사로 떠올랐다. 그러던 중 부유한 집안의 딸과 결혼하였으나 성적 탐닉은 중단되지 않고 오히려 더한 자극제가 되어 결혼 후에도 그는 끊이지 않고 창녀촌을 드나들었다. 그는 파리와 베르사이유에 저택을 빌려 성적 모험을 즐겼다.

조심성 없는 방탕한 생활로 그는 처음으로 프랑스 벵센느의 작은 탑에 갇힌다. 그가 실로 사드적 모험을 감행한 것은 1768년의 일이다. 그에 관한 전설은 방탕한 후작을 피에 갈증을 느낀 인물로 만든다. 데팡 부인은 공포에 질려 소리를 지르고 그의 행위는 채찍질에서 인간 생체해부학 시간을 연상시킬 정도의 행동을 구사한다. 또 다른 30세가량의 여인인 로즈 켈러를 유인한 뒤, 방으로 끌고 가서 침대에 묶고 그녀를 잔인하게 채찍으로 매질한 후, 상처를 포마드로 바르고, 쾌락의 절정에 다다를 때까지 계속 반복하였다. 그녀가 소리 지르기를 그치거나 반항하면 그녀를 죽이겠다고 위협했다. 부활절이이므로 그녀가 죄를 고하도록 만들어야 한다는 게 그 이유였다. 그녀는 창문을 통하여 탈출하였고, 사드는 7개월 간 투옥되고 무거운 형벌이 주어졌다.

라 코스트를 떠난 사드는 1772년에 마르세유에서 새로운 형태의 방탕한 생활을 시작한다. 그곳에서 그는 여러 명의 창녀들과 함께 거대한 타락 행위를 계획했다. 그는 채찍을 가지고 능동적인 동시에 수동적인 동성애적 행위를 연출했다. 사드는 쾌락을 증대시키기 위해 성욕촉진제로 효과가 있다고 하는 사탕을 과잉으로 먹이기도 하였다. 그중 어떤 여인은 결국 병에 걸려 계속 토하기를 반복하기에 이르렀다. 약물 과잉 투여 혐의, 동성애 혐의로 투옥된 사드는 지방 의회에 의해 사형 선고를 받으나 결석 재판 상태에서 허수아비를 대신 만들어 처형하고 화형시킨 뒤 다시 피신한다. 그는 도주를 위해 이탈리아로 여행을 떠나는데 이때 그는 쾌락을 목적으로 자신의 처제를 동반한다. 1775년, 사드는 그를 추적하는 법원과 경찰을 피해 은닉한다.

그는 라 코스트 성에서 다섯 명의 여인들과 통음 난무를 즐기다가 체포되어 1776년에 벵센느로 이송된다. 그리고 1788년까지 바스티유에 수감된다. 그 후 샤르팅으로 옮겨 갔다가 1790년에 풀려나는데, 그는 거기서 "그래서 나는 자유분방한 사람이다."라고 했다고 한다.

사형 언도, 기상천외의 방탕함으로 15년간의 은둔, 칩거, 도착적 성행위, 살인 혐의만을 피해 가는 극도의 폭력 행위.

이것이 바로 성적 환상을 실현하기 위해 그가 지불한 것이었다. 그는 어떤 죄의식도 갖지 않았으며 오히려 피의 살육에 버금가는 광기를 보여 주었다. 그는 산출할 수 있는 모든 극도의 상상력을 동원하여 행동에 옮겼다. "나는 자유분방한 탕아이다. 나는 그것을 고백한다. 나는 이 영역에서 우리가 생각할 수 있는 모든 것을 다 생각해 냈다. 그러나 나는 내가 떠올렸던 것을 모두 다 하지는 못했다. 나는 탕아이나 범죄자도 살인자도 아니다."

사드는 프랑스 혁명과 더불어 잠시 자유를 누리게 되나 1783년 겨울에 다시 체포된다. 하지만 테르미도르와 로베스피에르의 몰락 덕분에 처형대 신세를 면하게 된다. 1794년 10월, 자유를 되찾은 사드는 경제적 곤란으로 인해 몇 년간 조용히 지낸다. 프랑스 집정시대(1799~1804)에 그는 음란성 작품을 저술했다는 이유로 다시 체포되었다. 1803년 그는 샤르텅의 요양원에 보내지고 1814년 12월에 죽음을 맞게 된다.

사드는 작가라기보다는 그의 소설에서 보여 준 대로 잔혹성에 대한 문학적 개념 정립자라고도 볼 수 있다. 가혹하고 끔찍한 모든 것은 격앙된 그의 상상력과 오랜 칩거 생활에 의해 자극받은 뒤 첨예화된 그의 상상력으로부터 나왔다고 할 수 있다. 어쨌든 그는 그러한 잔혹한 행위의 모델이 존재했었다는 것을 분명히 언급하며, 참고 기준을 당대 사람들에게서 찾았다고 설명한다.

19세기 후반은 혼돈스럽고 혼탁했던 것으로 보인다. 가장 비밀스런 본능은 특히 풍족한 귀족 사회 내부에서 널리 일반화된 부패와 타락에 힘입어 미친 듯이 날뛰었던 것처럼 보인다. 세기말을 연상시키는 이러한 타락상은 권력에 가상 근접해 있던 귀족들이 보여 준 극단적인 탈도덕화에 상응한다. 이 시기에는 동성애와 근친상간이 난무했다. 그러나 우리는 사드가 말하는 그런 사회상이 당시에 실제로 존재했을까 하는 의문을 가져 본다.

파리의 매음굴은 확실히 그에게 풍부한 소재를 제공했을 것임에는 틀림없다. 예를 들면 폭력적 성행동을 위한 도구가 되었던 흔들의자 장치라든가, 방의 구조라든가, 사람을 뒤집어 놓을 수 있도록 고안한 장치라든가, 두 손을 묶는다든가, 저항할 수 없는 상태에서 강간당하게 하는 장치 등. 당시 프롱삭 공작은 이러한 장치를 천부적으로 고안해 내는 인물 중의 한 사람으로 알려져 있다.

'덕'이 '악'이 될 수 있는가?

우아하고 고상한듯하면서도 잔인한 탕아였던 사드는 자신이 학대하는 여인들이 우는 모습 보기를 즐겼다. 또한 강간하기 전에 어린 여자 아이를 학대하는 의회 의원의 이야기를 듣기도 한다. 사드뿐만 아니라 당시 샤롤레라는 백작은 어느 날 영감이 떠오르자 젊은 여자를 닭을 굽듯이 그을렸다는 이야기도 전해진다. 푸코의 『감시와 처벌』에 등장하는 국왕 살해범인 다미앙의 처형 장면을 떠올리게 하는 부분이다. 예컨대 구(舊)제도는 군중들에게 국왕 살해를 시도했던 범죄인인 다미앙의 잔인한 처형 광경을 군중들에게 드러내 보임으로써 국왕의 권위와 힘을 드높였다. 프랑스 혁명 기간은 그 잔인성의 측면에서 더 극대화되었다.

그러므로 사드는 공포와 공황 상태를 이용하여 격분에 찬 사람들의 잔혹한 혼란 상황을 잔혹하면서 에로틱한 성행위 장면으로 치환할 수 있었다. 루이 16세의 통치 시대는 가혹함을 부추기고 방탕을 부추겼다. 사드는 이러한 현실적 위험을 표현하고 이미 제도 내에서 통용되었던 위험한 잔혹상을 변질시키고 증폭시켰다.

미라보와 같은 귀족들은 "도덕은 인간에게 생소한 것이다."

라고 되뇌었다. 성적 자유를 찬양했던 계몽시대의 자유분방한 인물들은 모든 금기와 억압으로부터, 그리고 모든 편견으로부터 해방된 개인이 자유를 누리는 데 기여했다. 그러나 앞선 이들에게서는 우아하면서도 위험하지 않은 것으로 남아 있던 내용들이 사드에 오면서 끔찍한 형태로 잔혹화되었다고 볼 수 있다. 사드에 있어서 본성은 자유의 이름으로 모든 비자연적 질서, 즉 정치적 도덕적 사회적 질서와 상충한다.

이런 피비린내 나는 환상 속에서 개인은 모든 권리를 가지며 인공적 구성물인 사회는 억제하는 기계에 불과하다고 주장한다. 사드에 따르면 덕이란 인간의 본성에 반하는 사악한 것일 뿐이다. 왜냐하면 행복은 바로 무질서 안에서 존재하기 때문이다. 그는 악덕이 우리 삶에 행복을 가져다주기 때문에 진정한 지혜란 그 사악함을 제거하는 데 있는 것이 아니라고 본다.

사드는 다음과 같이 외친다. "자연은 인간이 이 땅위에서 자유롭게 살라고 인간을 창조했다. 그것은 보다 귀중한 법칙이며 우리의 가슴에 항상 남아 있다. 희생자들은 할 수 없다. 그들이 필요하니까. 우리는 우리 자신을 악에 내던짐으로써 우리의 본성에 복종케 해야 한다."

자연이 인간에게 부여한 자연스러운 본능과 욕망에 순종하기를 갈구하는 사드는, 결국 욕망의 희생자를 고려하지 않음으로써 '절대 인간'의 길에 들어선다.

'절대 인간'은 가능할까?

1789년 프랑스 혁명을 계기로 프랑스 군중은 드디어 군중을 위한 삶을 요구하기에 이르렀고, 군주의 화려함과 장대함은 군중들의 분노와 신음을 크게 하는데 기여했다. 사드 후작은 그 군중들을 이용하여 그의 이론을 발전시켰으며, 그의 이론을 극단까지 밀고 나갔다. 그는 군중들이 그 동안에 누리지 못했던 인간의 특권과 절대권을 독자에게 제시한 것으로 해석되기도 한다.

대중의 욕구를 채우기 위해 넘쳐흐를 듯한 성적 욕구를 묘사한 작가가 없었던 것은 아니지만 사드의 작업에는 훨씬 못 미쳤다. 사드가 상상해 낸 극단적 인물, 또 그가 생각해낸 성행위는 보통 사람들의 것과 달랐다. 상대방은 유희의 파트너가 아니었고 다만 희생자였을 뿐이다. 그의 이론은 상대의 부정에 근거한다. 그에 의하면 에로티시즘은 원칙적으로 폭력과 죽음의 충동이어야 한다. 양자 간의 인간적 결합은 에로티시즘에 장애를 초래할 뿐이다.

그것을 넘어설 때 에로티시즘은 그 본연의 모습인 폭력성을 드러내며, 그러한 에로티시즘을 완성시킬 수 있을 때 인간은 비로소 인간의 절대성을 회복할 수 있다는 것이다. 그는 다른 사람을 고려하는 순간 성적 충동은 의미를 상실하게 된다고 본다. 그는 감옥 속에서 타인의 배제를 통한 완성을 꿈꾸었던 셈이다. 바스티유는 그를 황량한 벌판에 홀로 남겨 두었으며 문학만이 그의 정열을 발산할 유일한 배출구가 되었다. 문학을 통해 그는 가능성과 상상의 영역을 확장시켰고, 감옥 안에서 응집된 그의 문학은 더 이상 타인을 의식하지 않는 인간의 전형을 우리에게 제시한다.

그에게 사랑이란 에로티시즘을 이해하는 데 아무런 도움을 주지 않는다. 사드의 이론은 파괴적 형태의 에로티시즘에 근거하는 셈이다. 타인의 가치를 인정하는 사람은 결국 타자에 구속당할 수밖에 없고, 타인을 존중하면 윤리적 물질적 재원을 증대시키고자하는 욕심이 앞서며, 그것의 당연한 결과로 성적 욕망은 구속당한다는 생각이다.

다른 사람과의 관계는 절대적 태도를 방해할 뿐이다. 인간에 대한 인간적 존중은 서로를 구속할 뿐이며, 거기에 빠지면 우리에게 남는 것은 구속된 시간뿐이다. 절대적인 순간을 박

탈당한 우리는 근본적으로 존중받지 못하게 된다.

그런데 사드의 요점은 엄청난 부정에 의해 분명해지는 '절대성'에의 요구에 있다. 그에게 있어서 타인의 부정은 자아의 긍정이고 개인의 쾌락을 초월한 극단성은 어떠한 굴종에서도 벗어난 절대성을 회복하게 해 준다.

이런 관점에서 볼 때, 사드의 '절대 인간'은 어떤 구속에서도 자유로운 허구적 인물이다. 그는 위반의 절정에 이를 때까지 위반을 멈추지 않는다. 급기야 타인의 부정과 자아의 긍정이라는 초기의 원칙마저도 초월하는 극단에 이르는 사드는 그 끝에서 타인의 부정이 곧 자아의 부정임을 깨닫게 된다. 타인과 자아를 동시에 부정하는 그 극단적 충동에 사로잡힌 그에게 중요한 것은 더 이상 개인적 환희가 아니라 오직 죄악일 뿐이다.

사드의 주장을 따르자면 삶은 쾌락을 추구하는 것이며, 이에 따라 쾌락은 삶의 파괴에 비례한다. 바꿔 말하면, 삶의 원리를 부정하면 부정할수록 보다 강렬한 쾌락에 이를 수 있다는 것이다.

사드의 주장을 따라가다 보면 사디즘(성적 대상에게 육체적, 정신적 고통을 줌으로써 성적 만족을 얻는 이상 성욕. 사드의 이름에서 따온 말이다.)은 인간에게 숨겨진 어떤 근본적인 잔인성을 잘 설명해 준다고 할 수 있다. 그런 숨겨진 본능을 적나라하게 묘사하고 있는 사드는 인간으로 하여금 스스로를 인식케 했다는 측면에서 공헌한 바가 적지 않다.

어떻게 보면 사람들이란 자신들에 내재한 사디즘은 억누르며 다른 사람에게서 발견되는 사디즘은 처벌한다. 그러나 과연 그렇게 간단히 처리될 수 있는 문제인가? 인간에게 이성의 원칙을 내세워 이러한 극단적인 태도들을 외면한다면 어떻게 될까? 사드가 내세우는 인간 본성도 사실은 우리 평범한 인간이 자신의 모습을 되돌아보고 인식하는 데 있어서 필수불가결한 요소는 아닐까? 그것을 인정할 때 우리는 거기서 초래될 수 있는 엄청난 결과를 미리 예방할 수 있을지도 모른다.

이성적 인간과 야만인은 근본적으로 다른가?

우리는 일반적으로 극단적 폭력 세계를 비이성적인 세계로 간주하고 합리와 이성으로 무장한 세계에 반대되는 개념이라고 생각한다. 그래서 극단적 폭력이 야만을 상징한다면, 이성은 문명 세계에 속하는 것으로 받아들인다. 그러나 한쪽에 야만이 있고 다른 쪽에 문명인이 있다는 식으로 이 설정을 이해한다면 우리는 오류를 범하기 쉽다. 사실 야만인들은 우리가 공유하는 언어로 떠들어 대지 않는 반면, 문명인은 비교적 보편화된 언어로 떠들어 대기 때문에 우리는 말하는 쪽을 그저 쉽게 문명인으로 몰고 간다. 이러한 구도에서 보자면 야만인은 침묵하는 반면, 문명인은 말을 사용하면서 떠들어 댄다. 대부분 문명은 우리를 의미하며, 미개는 다른 쪽 사람들을 지칭한다. 문명과 언어는 둘이 쉽게 결속하며 폭력과 야만을 배제시킨다. 폭력은 문명에 생소한 것일 뿐만 아니라 인간과는 무관한 것으로 여겨져 우리 세계에서 쫓아 버리기 일쑤다.

그러나 잘 살펴보면 사실 문명과 야만은 서로 동떨어져 있는 속성이 아니라는 것을 쉽게 알 수 있다. 말하자면 한 집단 내에서 야만적 행동과 문명적 행동은 동시에 이루어지고 있는 것이다. 같은 집단 내의 사람들이 야만적 행동을 취하다가도 때로는 문명적 행동을 취하기도 하기 때문이다. 또 잘 들여다보면, 야만인이 언제나 언어를 사용하지 않는 것은 아니다. 그들도 말을 할 뿐만 아니라 문명 생활의 토대를 이루고 있는 신의와 친절의 습속을 지킨다. 역으로 문명인 역시 문명적 행동의 뒤편에 폭력과 무절제, 야만이 들끓는다. 문명인의 이름으로 폭력의 극한 상태인 전쟁을 자행하는 모습을 우리는 얼마나 빈번하게 보는가?

사드의 태도를 단적으로 요약하면, 그는 타인을 고려하지 않는다. 그는 고독한 존재이면서도 타인과의 따뜻한 관계를 부정한다. 그는 타인에게 혹시 잘못을 저지르지 않을까 염려하지도 않으며 그로 인해 반격을 받을까 두려워하지도 않는다. 그는 결코 자신의 태도를 포기하지 않는다. 그는 모든 타인을 부정하는 과정에서 마침내 어느 순간 자아마서 부정하기에 이른다. 사드의 언어는 말하는 화자와 그 말을 듣는 상대의 관계를 부인하는 언어이다.

바타유(Georges Bataille, 1897~1962)는 『에로티즘』*에서 사드에 대해 다음과 같이 평가한다. "우리가 사드에게서 인정할 수 있는 한 가지 것은 그가 주장한 잔인성이 없었다면 우리는 이전에는 엄두도 못 내던 영역인 고통스런 진실에 다가가기 어려웠을 것이란 점이다. 또한 사드가 없었다면 인간의 종교적 행위에 대한 인식(금기와 위반에 대한 인식과 무관하지 않은)과 성행위에 대한 인식에 그렇게 쉽게 다가가기 어려웠을 것이다. 예컨대 평범한 인간이 위반의 의미를 알 수 있다

---

* 이 책에서는 일반적으로 예술에서 성적 요소나 분위기를 강조하는 경향을 가리킬 때 사용하는 용어인 '에로티시즘(eroticism)'을 영어 표기를 따라 그대로 사용했다. 다만 바타유의 저서(민음사, 2009)를 가르킬 때에만 같은 의미의 불어 표기를 따라 '에로티즘'으로 표기하였다.

면, 그것은 사드가 길을 닦아 놓았기 때문이다." 이 말을 통해 우리는 이제 보통 인간도 우리 인간 내부에 도사리고 있는 난폭한 폭력에 의식의 문을 열지 않을 수 없게 되었다는 것으로 해석할 수 있겠다.

반법치주의

사드는 가능한 한 국가의 권한을 최소한으로 줄이고자 하며, 어떤 형태로든 군이 정부가 필요하다면 그것은 기존 사회가 금기로 삼는 실질적인 범죄를 허용하는 한에서 라고 말한다. 그에게 법은 단지 쾌락과 욕망의 도구로 필요할 뿐이기 때문이다. 그가 정치를 필요로 하는 경우란 단지 속박으로부터 벗어나 쾌락을 추구할 수 있는 무한한 자유를 획득하기 위함이다.

사드는 법이란 사회 전체에는 득이 될지 몰라도, 그 사회를 구성하는 개인에게는 매우 부적당한 것이라고 본다. 왜냐하면 법이란 대부분의 경우에 개인의 자유를 속박하고 개인의 삶을 침해하기 때문이라는 것이다. 더 나아가 사드는 이러한 사회 제도와 법 및 관습 등에 대해 총체적으로 문명 비판을 가한다. 그의 입장에서 보면 인간의 본능을 억압하는 모든 문명은 인간에게 거추장스런 옷이기 때문이다.

반도덕주의

사드에 의하면 인간은 본래 이기적이다. 물론 인간의 이기 성에 대한 학설은 사드를 굳이 거론하지 않는다하더라도 일 찍이 많은 학자들에 의해 주장되어 온 부분이다. 인간이 자신 의 이익과 쾌락을 위해서는 타자를 배려하지 않는다는 그의 주장은 이와 맞닿아 있다. 그리고 때로는 다른 사람의 고통이 자신에게는 즐거움이 될 때도 있다는 것이다.

사드는 종교에 대한 죄는 어떤 법으로도 처벌 될 수 없다고 본다. 가상의 존재를 공격하고 해치는 것은 아무것도 공격하 지 않는 것과 마찬가지이기 때문이다. 즉 신이 존재하지 않기 때문에 신을 모독하는 것은 아무런 죄가 될 수 없다는 것이 다. 그리고 기독교의 가르침을 따르면 이웃을 자기 자신처럼 사랑해야 한다고 하지만, 남을 자기 자신처럼 사랑한다는 것 은 불가능하다고 보며 그러한 행동은 본질적으로 자연의 법 칙에 어긋난다고 본다. 인간은 본래적으로 이기적 존재이기 때문에 남을 자신처럼 사랑한다는 것은 원초적으로 불가능하 다는 것이다.

사드는 일반적으로 사회적으로 권장하는 미덕을 벗어던질 것을 강력하게 주장하며, 미덕을 추구하는 사람들에게는 불 운이, 악덕을 추구하는 사람들에게는 행운이 찾아온다고 하는 극단적 입장을 대조시킨다. 사드의 소설에 나오는 주인공들 가운데 선한 사람들은 한결 같이 불운한 운명의 늪에서 빠져 나오지 못한다. 가령 그의 작품 『미덕의 불운』에서 주인공 쥐스틴은 죽을 때까지 미덕을 잃지 않으려고 노력하지만 번번이 악한 사람들에게 배신을 당하고 평생 이용당하며, 끊임없이 고통을 당하고 결국 벼락을 맞아 죽는 것으로 나온다. 쥐스틴 이외의 선한 사람들 역시 잔혹한 운명의 늪에서 빠져 나오지 못한다.

또한 『플로르빌과 쿠르발』에서는 아름답고 미덕에 가득 찬 플로르빌이 잔혹한 운명의 장난으로 자신도 모르게 오빠와 근친상간을 저질러 낳은 친아들을 살해하게 되고, 우연한 기회에 친어머니를 고발해 처형당하게 하며 다시 아버지와 결혼하게 되는 불운에 빠지게 된다. 결국 이 모든 사실을 안 그녀는 자살하게 되는 결말로 끝난다.

사드는 거의 모든 작품에서 미덕을 추구하는 사람들은 철저하게 불행에 빠진다는 주제를 다룬다. 그는 미덕이야말로 "본능과 자연의 흐름에 역행하는 억압"이며 선행은 악덕한 교만이자 하나의 속임수라고 비난한다. 사람들이 선행을 베푸는 것은 자신을 과시하기 위한 것일 뿐이며, 결코 선행 그 자체가 목적은 아니라고 보는 것이다.

사드의 에로티시즘은 어떤 극단적 선택을 하고 있는가?

사드의 에로티시즘은 인간의 모든 활동이 쾌락에서 출발하며 쾌락으로 끝난다고 보는 극단적 원리에 기초해 있다. 쾌락은 성적 본능과 관련된 모든 욕구를 만족시키는 데서 시작되며, 폭력과 죽음을 정점으로 해서 극에 달한다. 사드는 사랑 또한 우스꽝스러운 것으로 인간은 근본적으로 사랑하다가 싫증을 느끼게 되어 있다고 본다. 그런 이유로 가능한 쾌락만 추구하고 사랑은 피하라고 경고한다. 사드는 절대적 쾌락이라는 이상을 향해, 모든 금기를 위반하고 폭력과 잔인성을 방편으로 삼아 모든 속박과 억압의 사슬을 끊고 쾌락을 추구할 것을 도모한다.

푸코는 사드의 에로티시즘이 서구 세계에 하나의 사상적 전환점이 되었다고 말한다. 그동안 이성에 의해 침묵하고 있던 비이성이 새로운 담론의 형태로 역사 속에 등장하게 되었기 때문이다.

사드에 있어서 모든 타자는 자신의 욕망을 만족시키는 수단이자 하나의 단순한 사물로, 육체로 축소되며 모든 인간관계 역시 이러한 성적인 관계로 귀착된다. 일반적으로 사회에서 금기시하는 근친상간, 남색 등은 단지 여러 가지 성적 관계들 가운데 하나일 뿐으로 법적으로 금지될 이유가 없다고 본다. 또한 사드는 성적 행위의 자유로운 형태를 주장하기 위해 소위 성도착으로 분류되는 행위들도 자연스러운 것이라고 내세운다.

모든 쾌락이 악에서부터 생겨난다고 보는 사드는 진정한 쾌락을 추구하기 위해서는 모든 종류의 악한 행동을 섭렵할 것을 권고한다. 그리하여 결국 모든 도덕으로부터 벗어날 것을 기대한다. 이러한 측면에서 그의 에로티시즘은 열정적이기보다는 냉혹한 측면을 보여 준다. 쾌락을 위해서는 냉혹한 심성으로 잔인한 범죄를 침착하게 행해야 한다는 결론이 도출되기 때문이다.

최고의 쾌락은 인간의 잔인성이 극대화될 때 폭발하게 된다. 사드의 성적 세계는 성적 쾌락을 얻기 위한 냉혹한 준비 단계가 필요하며, 결국 최고의 쾌락은 잔인함과 폭력에 의해 이루어진다. 사드는 상대방의 신체에 폭력을 행사하여 고통을 주고받는 과정에서 쾌락을 찾는다. 즉 쾌락의 희생자가 고통을 더욱 심하게 당하면 당할수록 즐거움은 더욱 확대된다. 희생자의 손을 빌려 자신의 육체에 매질을 하고 상처를 내면서 스스로 고통을 받는 것도 쾌락을 확장시키기 위한 한 방법이다.

 사드는 이와 같은 쾌락을 추구하기 위해 자행하는 잔인성은 죄악과 관련 없는 것으로, 자연이 우리에게 불어 넣어 준 원초적인 감정이라고 말한다. 모든 인간에게 잔인성은 본성적인 것이며, 따라서 그것을 처벌하는 것은 잘못됐다는 것이다.

 사드에 있어 잔인성은 인간에게 사연적인 것일 뿐만 아니라 신성한 것이다. 그는 이것이 교육에 의해 왜곡되어 왔다고 주장한다.

6

인간은 **금기**를 만들고 **위반**하는 존재인가?

- 에로티시즘은 죽음 가까이에 있는가?

- 생식 행위와 에로티시즘은 금기의 규칙 내에서 어떻게 작동할까?

- 결혼도 금기를 위반한 걸까?

- 왜 인간은 근친상간을 두려워할까?

- 에로티시즘과 신비체험을 현미경으로 볼 수 있을까?

에로티시즘은 죽음 가까이에 있는가?

에로티시즘. 그것은 사실상 우리에게 수줍음과 비밀스러움을 넘어서 침묵을 요구하는 주제이다. 에로티시즘에 관한 내용은 그것이 무엇이든 간에 일단은 문젯거리로 여겨지기 쉬우며 재미와 음담패설의 수준을 크게 넘지 못한다. 이상하게도 우리는 삶과 죽음의 두 축을 따라 움직이는 에로티시즘의 문제와 죽음의 문제에 대해 공평한 대우를 하지 못했다. 예컨대 존재의 소멸 순간인 죽음의 문제에 직면하여서는 우리는 숙연하고 엄숙해지는 반면, 존재 출현의 순간을 주제로 다루는 에로티시즘에 대해서는 가볍게 고개를 돌리게 되기 때문이다. 그것은 점잖지 못한 주제일 뿐만 아니라 우리가 논해서는 안 될 금기인 것처럼 느껴진다.

이러한 에로티시즘의 문제를 과학적 분석의 영역이나 음담패설의 대상이 될 수 없는 고유한 내적 체험의 영역이라고 본 학자가 바로 조르쥬 바타유이다. 엄격한 규율을 지키고 명상과 성찰을 즐기며 신비체험을 꿈꾸던 바타유는 한때 수도원에 머물면서 성직자를 희망하기도 했다고 전해진다. 그는 『에로티즘』, 『에로스의 눈물』, 『문학과 악』, 『마담 에드와르다』 등과 같은 저서를 통하여 인간에게만 나타나는 고유한 양상인 에로티시즘의 본질에 접근하기 위해 많은 실험적 탐구를 했다.

조르쥬 바타유는 에로티시즘의 문제를 단순한 성의 문제로 간주하지 않고, 신비한 내적 체험에까지 이르는 삶과 죽음의 문제로 보고 있다. 그것은 인간을 동물과 구분하는 주요한 특징임과 동시에 가장 개별적이며 신비한 신성에 가까운 그 어떤 것이라는 것이 그의 설명이다. 그는 단적으로 간단하게 말해서 에로티시즘이란 '죽음까지 파고드는 삶'이라고 정의한다.

그가 에로티시즘을 성찰하는 데 있어서 중요한 두 개념은 '금기'와 '위반'이다. 금기를 만들고 지키며 다른 한편으로 이를 위반하는 존재는 바로 인간뿐이다. 그래서 바타유는 이를 인간과 동물을 구분 짓게 해 주는 하나의 특징이라고 설명한다. 동물은 규칙을 만들어 지키지 않으며, 오직 자연의 법칙과 흐름에 순종하면서 살아간다. 반면 여러 방면에서 자연을 거부하는 인간은 독자적인 세계를 창조하며 삶을 영위한다. 도덕의 세계, 정치의 세계, 문화의 세계가 바로 그러한 인간의 모습을 보여 주는 단면이다.

바타유는 이러한 세계가 인간과 동물을 구분하는 외적 요소들이라면 에로티시즘은 바로 그러한 구분을 가능케 하는 내적 요소라고 설명한다. 단적으로 말해 동물에겐 에로티시즘이란 없다. 그들에겐 생식과 종족 보존의 세계만이 있을 뿐이다. 동물들은 자연환경에 적응하고 번식하며 생존에 위협이 되는 요소들을 제거하고, 종족을 본능적으로 지키면서 살아간다. 그러나 인간은 자연에 그대로 순응하지 않고 자연을 변형시키는 노동의 과정을 만들어 낸다.

자연의 명령에 복종하고 따르는 동물과는 달리 인간은 문자를 사용하며 자연을 변형시키고 이겨 내는 문명을 일구어 낸다. 또한 무덤을 만들어 죽은 자로부터 산자를 구분하는 경계를 만들며 해서는 안 되는 금기의 규칙을 만든다. 그러나 그 규칙을 위반하는 것 또한 인간이다. 이러한 맥락에서 금기와 위반은 한 쌍을 이룬다. '금기'에는 살해 금기, 근친상간의 금기, 성행위의 금기 등 다양한 형태의 것들이 있다. 살해 금기는 적을 죽이는 것이 허용되는 전쟁을 통해서 위반되며, 근친상간의 금기는 귀족들 간의 혈맥의 측면에서 허물어지고, 보다 일반적인 성행위의 금기가 합법적으로 위반되는 것은 결혼이라는 의식이다. 이러한 의미에서 바타유는 결혼을 "허락받은 강간"이라고 표현했다.

욕망을 금기시하는 인간에게 성행위는 동물들의 원초적 본능과는 그 범주를 달리한다고 볼 수 있다. 제도와 문화적 틀 속에서 변형, 유지되며 준수되는 금기의 규칙은 결국 인간의 성행위에도 작용한다. 어떤 의미에서 인간은 욕망을 가로막고 억누르는 금기 자체를 원할지도 모른다. 금기는 극한의 쾌락을 동반하는 것들에 제한을 두면서 생겨났기 때문에 자연 상태로 내버려 두면 금기 자체가 욕망을 자극하는 것이다.

금기의 맥락과 마찬가지로 그 반대편에 있는 '위반'도 인간에게서만 일어나는 현상이다. 금기가 없다면 위반도 더 이상 존재할 리 없다. 전쟁에서 벌어지는 살해 행위도 그것에 대한 금기가 따로 마련되어 있지 않은 동물의 세계에서 일어나는 것이 아니라 살인이 금기시되어 있는 인간 세계에서 자행된다. 이러한 맥락에서 바타유는 위반을 통해서 금기가 완성된다고 본다. 동물적 행동을 탈피하고 성과 관련한 여러 행위들에 금기의 규칙을 적용하는 인간만이 성에 대한 금기를 가지고 있다고 볼 수 있다.

인간이 성행위를 하는 일차적 목적은 종족 보전을 위해서이다. 그러나 이에 국한하지 않고 인간은 또한 성행위를 에로티시즘으로 승화시킨다. 바타유는 에로티시즘이란 욕망의 대상과 인간의 내적 욕망의 순간이 일치할 때 이루어진다고 본다. 인간과 인간 사이에서 이루어지는 성행위는 결코 타자를 대상화시키는 단계가 아니라 인간의 신비한 내적 체험이 가능하게 되는 순간이라는 것이다. 인간이 동물과 구분될 수 있는 본질적 특징 중의 하나로 에로티시즘을 설명하는 바타유는 에로티시즘은 인간 내면화의 결정판일 뿐만 아니라 인간에게만 일어나는 금기와 위반의 단면이 극명하게 나타나는 사례로 간주한다.

생식 행위와 에로티시즘은 금기의 규칙 내에서 어떻게 작동할까?

바타유는 모든 성적 행위가 자기에 대한 내적 의식을 위기에 빠뜨린다고 본다. 이때 위기의 징후는 성적 갈망의 최고조 상태로 나타난다. 무성 생식체들에게서는 팽창 현상이 처음부터 뚜렷하게 나타난다. 그들은 일차적으로 생장하며 생장에 이어 생식이 불가피하면, 분할을 하게 되고 이렇게 팽창하던 개체는 죽음을 맞이한다. 그러나 유성 생식체의 경우 이러한 단계적 양상은 덜 분명하게 나타나, 과잉 에너지를 통한 성적 욕구의 증대는 단순 생물과 마찬가지로 죽음을 부른다. 번식 과정에 참여한 인간은 번식 후에도 살아남는 듯이 보이지만 그 생존은 하나의 유예기간에 불과하다. 유예를 받은 채 새로운 존재의 탄생을 지켜보지만, 새로운 존재는 그들을 저당 잡고 태어나는 것인 셈이다. 유성 생식체가 생식 후에 즉시 죽는 것은 아니라고 하더라도 어쨌든 생식 행위는 길게 보면 여전히 죽음을 부른다.

성행위의 내적 체험을 통해 개체간의 경계(남녀의)를 없애려는 충동과 궁극적 세대 교체의 과정 속에서 죽음을 통해 불연속성을 유지시키려는 상황은 숙명적 대립 관계에 있다. "새로운 존재들이 증식되는 동안 숱한 죽음의 곤궁을 벗어나곤 한다. 하지만 그것은 결국 삶을 잠정적으로 연장시키는 일 이외에 다른 것이 될 수 없다는 생각이 미치면, 우리는 저 너머의 세계에서 오지 악몽밖에 볼 수 없게 된다. 마침내 번식과 생의 과잉이 초래하는 죽음이 거기에서 우리를 기다리고 있는 것이다."

이렇게 볼 때 삶에 언제나 나타나는 두 가지 양상이 있다.

긴밀한 관계를 유지하고 있는 '생식'과 '죽음'이다. 생식과 그 생식을 통해 유예되는 죽음! 유성 생식체의 경우 결과적인 측면에서 보면, 무성 생식체와 크게 다르지 않으나 인간의 내적 체험이라고 하는 에로티시즘에 이르면 양상은 다르게 나타난다. 에로티시즘은 출산을 의식하지 않으며 그 희열이 크면 클수록 그 결과 태어나게 될 아이에 대한 생각으로부터 점점 멀어지게 된다.

교접 단계에서 한 쌍의 남녀는 분리되어 서로 교류가 불가능했던 불연속의 차원에서 벗어나 비록 순간적이긴 하지만 하나로 결합되는 연속성의 흐름을 맛보게 된다. 그러나 성적 결합은 두 존재로 하여금 연속성을 향해 잠시 자아의 문을 열게 할 뿐, 그 순간이 지나면 어떤 형태로든 독립적 개체가 지니는 고립감(불연속)은 여전히 각자에게 남는다.

성 금기의 특징 중의 특징은 그것이 위반에 의해 비로소 밝혀진다는 점이다. 물론 교육을 통해 간접적으로 드러날 수도 있지만 교육에 의해서는 확연하게 드러나지 않는다. 태곳적부터 변함없는 사실은 인간의 성행위란 은밀하게 행해져 왔고 여러 측면에서 근엄한 인간적 측면과 대립되어 왔다는 것이다. 에로티시즘의 본질은 성적 쾌락과 금기의 풀 수 없는 엉킴에서 얻어진다. 인간을 놓고 볼 때, 쾌락 없이는 금기가 있을 수 없고, 금기 없이는 결코 쾌락도 있을 수 없기 때문이다.

인간의 성행위와 동물의 성행위는 구분되는데, 인간의 성행위는 본질적으로 위반이라는 측면을 갖고 있다. 그러나 금기의 위반이 동물적 자유의 회복을 뜻하는 것은 아니라고 본다. 노동 행위와 마찬가지로 위반도 인간만의 것이다.

결혼도 금기를 위반한 걸까?

에로티시즘은 결혼이라는 위반을 통해 그 의미가 가장 뚜렷하게 나타난다. 결혼은 복잡한 위반의 한 형태이다.

결혼은 성행위를 합법적으로 만든다. 아무리 청교도적인 사회에서도 결혼에서 발생하는 성적 모든 행동을 문제 삼지는 않는다. 결혼에도 적용되는 위반의 문제를 바타유는 다음과 같이 설명한다. 그는 우선 일반적으로 통용되는 규칙을 벗어나지 않은 채 이루어지는 위반이란 존재할 수 없다고 본다. 특정 종교에서의 제물 바치기는 금기를 의식적으로 위반하는 대표적인 예이다. 모든 종교적 충동은 규칙의 역설성을 드러내는데, 경우에 따라서는 정해 놓은 규칙의 파괴를 인정하기 때문이다. 이러한 의미에서 바타유는 결혼도 하나의 위반이며 이런 맥락에서 결혼도 금기 규칙의 역설적 모습을 드러낸다고 말한다. 희생양의 살해가 금기인 동시에 종교적 의식이듯이, 결혼 첫날밤의 행위는 허락받은 강간이라고 보는 것이다.

누이나 딸에 대한 절대적 소유권은 가족 내의 남자들에게 있지만, 그들은 그 권리를 외부의 낯선 남자에게 양도한다. 낯선 사람에게 최초의 성적 행위, 다시 말해 위반의 자격을 부여하는 것은 오랜 시간을 거치면서 우리의 습속으로 남아 자리 잡아 왔다. 하지만 이러한 초기의 위반 개념은 사실상 많이 퇴색해졌다. 세속적 결혼 풍습으로 자리 잡으면서 최초의 체험이 갖는 의미가 상실된 것은 사실이지만, 거기에는 여전히 위반의 의미가 남아 있다.

성행위 자체를 금기로 못 박은 사회에서는 그러한 금기를 범하는 일 자체가 중요한 의식이나 행사처럼 여겨져 아무나 치를 수 없었다. 그래서 초기에는 이러한 금기 위반의 능력을 특정인에게 부여하게 되었다. 결혼을 앞둔 여자를 처음 범할 사람을 지정한 사람은 사제였는데 이러한 일 자체가 기독교내에서 용납되지 않아 후에는 봉건 영주에게 넘겨졌다. 만일 이러한 일을 맡을 사제나 영주들이 없었다면 최초의 성행위는 근접하기 어려운 위험한 요소로 남을 뿐이었을 것이다.

바타유는 성충동을 억압하는 금기를 은밀하게 벗어나게 해

주는 것이 바로 주연(술 마시고 축제를 벌이는 것)이라고 본
다. 주연에서는 광란의 성이 넘쳐나고 이러한 성의 범람을 신
성으로까지 이해한다. 그래서 고대의 에로티시즘은 주연에서
비롯되었다고 본다. 주연의 에로티시즘은 아주 위험한 극도
의 일탈이며 보잘 것 없는 인간 조건을 뛰어넘어 이루어지는
거대한 회오리였고 이러한 것들은 농경 사회인들에게 신적인
것으로까지 보였던 것이다.

왜 인간은 근친상간을 두려워할까?

욕망과 인식의 결합: 레비스트로스의 설명 도식

『친족 구조』라는 제목으로 1949년에 출간된 클로드 레비스
트로스(Claude Lévi-Strauss, 1908～2009)의 방대한 저서는 근
친상간의 문제를 해명하려고 노력했던 저서이다. 어떻게 보
면 근친상간의 문제는 사실상 가족 범위 내의 문제이다. 두
사람의 성관계나 결혼을 방해하는 금기는 항상 친족의 정도
나 친척 관계에 의해 결정되어 왔다. 결국 이러저러한 사촌이
라는 말은 대부분 그런 관계의 사람들에게 결혼을 금하는 특
별한 지시 작용을 하는 셈이다.

근친상간을 고찰하다 보면 근친상간 금기가 인류에게 보편적으로 작용하고 있음을 쉽게 알 수 있다. 모든 인류는 어떤 형태로든 근친상간을 금하기 때문이다. 다만 양상이 다를 뿐이다. 레비스트로스의 『친족 구조』에 따르면, 혈연관계가 결혼 금기 또는 결혼의 조건을 결정하는 규칙으로 작용함을 보여준다. 또한 레비스트로스는 인간과 동물간의 차이와 문명과 자연간의 차이가 동일한 것으로 본다. 근친상간에 대한 공포는 우리가 인간임을 말해 주는 것이라고 설명하기도 한다. 그 공포에는 우리를 인간이게 하는 어떤 것이 있기 때문이다.

근친상간의 문제는 동물성에 인간적인 것이 더해졌다는 점에서 인간만의 문제라고 볼 수 있다. 여기에는 인간을 인간이게 하는 동시에 욕망과 인식을 결합시키려는 야망이 담겨 있다. 합목적적 이론에 의하면 근친상간의 금기는 우생학(優生學)적 이론에 근거한다. 이 이론에 따르면 근친상간의 금기는 부계혈족 간의 결혼에 의한 잘못된 결과를 예방하기 위한 것이다. 그러나 이러한 이론적 설명이 등장한 것은 근대 이후의 비교적 최근의 일이다. 16세기 이전에는 이러한 이론을 찾아보기 어렵다고 레비스트로스는 밝히고 있다.

어떤 학자에 따르면, 근친상간은 인간의 천성으로도 충분히 설명되는 것이며, 그것은 사회에 투여된 인간의 감정과 성향이라고도 한다. 그들의 설명에 의하면 인간은 그것을 본능적으로 혐오하게 되어 있다는 것이다. 그러나 레비스트로스는 정신분석의 예를 들어 이를 간단히 부인한다. 정신분석학에 의하면, 인간에게는 근친상간에 대한 보편적인 강박관념(꿈과 신화에 의해 뚜렷이 드러나는)이 있기 때문이다. 그러나 이러한 상이한 주장들에도 불구하고 여전히 설명상 허술한 점이 남아 있다. 인간은 동물과 달리 근친상간의 금기를 지켜왔고, 비록 많은 변화를 거쳤음에도 그것이 여전히 인간 생활의 근본을 이루고 있기 때문이다.

금지된 결혼과 합법적 결혼의 구분 의미

레비스트로스는 저서의 3분의 2가량을 남녀의 결합 방식을 설명하는 데 할애했다. 그는 여성 배분의 문제를 풀기 위해 여러 가지 복잡한 결합 방식을 생각해 낸다. 레비스트로스는 "동일한 세대를 구성하는 구성원들은 모두 두 그룹으로 나누어진다. 한편에 형, 누나, 오빠(평행적 사촌들) 등으로 호칭되는 같은 혈통의 방계 사촌이 있고, 다른 한편에는 다른 혈통과 성씨를 가지고 태어나는 방계 사촌들로 서로 다른 호칭들을 사용한다. 전자는 상호 간의 결혼이 불가능한 반면 후자는 가능하다. 고모의 딸은 나와 교차적 사촌관계에 있으며 외삼촌의 딸 또한 나와 교차적 사촌관계에 있다. 전자는 부계에 의한 교차적 사촌관계이며 후자는 모계에 의한 교차적 사촌관계이다."

이것이 레비스트로스가 내린 간단하고 기본적인 결혼 유형에 대한 정의이다. 그런데 위의 기본 구조 자체가 이미 수수께끼이며 어려운 문제를 안고 있다. 전자의 결합이 근친상간인데 반해 후자간의 결합은 어떻게 용인되는가? 물론 이러한 규칙들도 때로는 변화를 겪는다. 어쨌든 우리는 혈통에 의한 친족의 구조가 결혼을 금할 수도 있고 또 결혼을 장려할 수도 있음을 알 수 있다.

원칙적으로 전혀 이해관계가 없음에도 불구하고 어떤 구분이 있다면, 왜 그렇게 되는지가 설명되어야 할 것이다. 레비스트로스에 따르면, 고대의 결혼 제도는 배분적 교환체계가 지배했다고 한다. 여자를 얻는 일은 부를 얻는 것과 다름이 없었다는 것이다. 더구나 당시에는 여자는 신성한 가치를 지녔다고 보았다. 레비스트로스는 부와 여자를 분배하는 일은 사활을 건 문제였기 때문에 규칙이 따르지 않을 수 없었다고 본다.

레비스트로스는 결혼 제도의 구조를 고대 세계의 활력소였다고 할 수 있는 교환 충동과 결부시킨다. 이때 그는 마르셀

모스(Marcel Mauss, 1872~1950)의 저서 『증여론』의 결론을 참조한다. 그 책에서 모스는 우선 교환이 원시사회에서는 거래의 형태 보다는 상호 증여의 형태로 이루어져 있음을 밝힌다. 당시 원시 교환 형태는 경제적 성격에 그치지 않고, 그가 말하는 "전체적 사회현상", 다시 말해 사회적, 종교적, 신비적, 경제적, 실리적, 감상적, 법적, 윤리적 의미가 깃든 선체 현상을 단적으로 말해 주는 것으로 보았다.

레비스트로스는 어떤 의미에서 근친상간은 부정의 결과가 아니라 긍정의 결과라고 본다. 왜냐하면 누이를 떠나보내는 오빠는 자기와 가까운 여자와의 성적 결합을 부정하기 때문에 그러한 행동을 취하는 것이 아니라 누이를 다른 사람과 결합시키고, 자기는 다른 여자와 결합함으로써 결혼의 보다 큰 의미를 긍정하고 있는 셈이라는 것이다. 눈앞의 향락보다는 증여에 의한 교환 체계를 선택한 것이라는 설명이다.

사실 레비스트로스가 집요하게 다루고 있지는 않지만, 그는 그럼에도 불구하고 여자들의 물질적 유용성을 강조한다. 여자의 물질적 의미는 부차적인 것이긴 하지만 교환 회로에서 우선적으로 작용하기 때문이다. 레비스트로스는 "대부분의 원시사회에서 결혼은 경제적인 차원에서 중요한 위치를 차지한다. 물론 오늘날의 우리 사회에서는 독신자의 경제적 지위와 결혼한 남자의 경제적 지위 사이에 별다른 차이가 없다. 그러나 경제가 부부와 남녀 간의 노동 분담에 전적으로 의존하던 집단에서의 상황은 다르다. 남자와 여자는 분업으로 일상생활에 필요한 물건을 만들어 내기 때문에 그들은 서로 의존해야 할 뿐만 아니라, 여러 가지 식량 생산에도 협동하지 않을 수 없었다."라고 지적한다.

만일 사회가 여자의 교환을 제대로 통제하지 못했다면, 그 사회는 무질서한 사회가 되었을 것이라는 게 그의 설명 방식이다. 따라서 교환은 아무렇게나 행해지지 않는 상호성의 규칙을 전제한다. 그러나 교환 체계가 아무리 완벽하다고 하더라도, 그것이 모든 경우에 정확하게 적용될 수는 없기 때문에 여러 가지 다른 규칙들이 생겨났다가 없어지곤 했던 것이다.

따라서 근친상간의 금기 규칙에는 부정적인 측면이 없는 것은 아니지만 상호적 순환적 움직임을 가능케 하는 전체적 규칙을 정하는 일이 중요한 과제인 셈이다. 레비스트로스는 『친족 구조』에서 "결혼이 금지된 집단이 존재한다는 것은 상호 간에 결혼이 가능한 집단과 불가능한 집단을 동시에 떠올리게 한다. 딸이나 누이를 이성으로 대하지 못하게 하는 금기, 그녀들을 다른 사람에게 보내도록 하는 규칙은 다른 사람의 딸이나 누이에 대해 권리를 주장할 수 있다는 말이다. 금

기의 모든 부정적인 측면은 반대쪽의 긍정적인 측면을 전제
한다."라고 밝힌다.

이러한 맥락에서 볼 때 교차 사촌이 평행 사촌에 비해 정
적 회로에 놓여 있다고 볼 수 있다. 평행 사촌은 같은 가족 태
생이라고 할 수 있으며 그들은 정적 평형의 위치에 있다고 할
수 있다. 반면에 교차 사촌은 역농적 상태에 놓여 있으며 교
환 회로의 작동을 좀 더 폭넓게 가능하게 한다. 특히 모계 사
촌간의 결혼은 교환의 가능성을 한없이 확장시킬 수 있다.

이러한 설명 방식을 따라가다 보면 레비스트로스가 고대
사회에 있어서 근친상간의 금기에 얽힌 문제들을 아주 명확
하게 풀어낸 듯하다. 그러나 바타유는 레비스트로스가 근친
상간의 금기를 전체적으로 광범위하게 다루지 못하고 고식적
인 해결에 그치고 말았다고 주장한다. 근친상간 금기의 본질
은 전체적 삶을 포괄하는 '전체적 사회 현상'과 그 안에서의
교환 행위를 통해 찾아야 한다는 것이다. 그럼에도 불구하고
레비스트로스는 마치 경제적 설명만을 유일한 열쇠로 간주했
다는 것이다.

동물성을 부정하는 존재로서의 인간

바타유가 생각하는 인간이란 자연 여건을 있는 그대로 받

아들이지 않고, 그것을 부정하는 동물로, 인간은 자연과 외부 세계를 변화시키며 도구와 물건을 만든다. 또한 새로운 세계, 즉 인간의 세계를 건립하는 존재이며 아울러 자기를 부정하는 동물이다. 인간에게는 교육과 종교의 영역이 내재되어 있어서 동물이 갖고 있는 본능적인 욕망 충족 행위를 억제하기도 한다. 요약하면 인간은 주어진 세계에 대해 부정하는 동시에, 동물성에 대해서도 부정하는 존재라고 말할 수 있다.

인간은 본질적으로 동물적 욕구를 부정한다. 대부분의 금기들은 여기에 관련되어 있다. 인간의 첫 번째 특성(자연을 부정하고 노동하는 인간)과 세 번째 특성(죽음을 의식하는 인간)을 인정한 헤겔(Georg Wihelm Friedrich Hegel, 1770~1831)은 인간의 두 번째 특성이라 할 수 있는 동물성을 부정하는 인간으로서의 측면은 인정하지 않았다.

근친상간에 대한 규칙과 성 금기 대상들의 가변성

바타유는 근친상간의 금기가 성 또는 동물성에 대한 부정의식과 인간의 관계를 밝혀 주고 있다고 본다.

인간은 성과 관련된 문제로부터 벗어나려고 하는 경우도 있지만, 근본적으로 성을 외면할 수는 없었다. 그래서 인간은 성행위가 개입할 수 없는 장소와 상황을 설정하기도 하고 관련된 규칙을 만들어 지키기도 한다. 일반적으로 성행위가 금지된 장소나 상황에서 사람들이 성과 관련된 행동을 하면 우리는 외설로 간주한다. 그러나 그러한 장소나 상황은 가변적이며 임의적이다. 따라서 알몸 그 자체가 외설일 수는 없다. 알몸은 거의 어디에서나 외설로 간주되기도 하지만 언제나 같은 징도로 그런 것은 아니다.

인간과 동물을 구분하는 기준 중의 하나인 '수치심'은 다른 말로 하자면 외설에 대한 느낌이라고 볼 수 있다. 그러나 외설과 수치심은 시대에 따라 변한다. 과거에는 수치스럽게 느껴지던 것이 오늘날에는 전혀 수치스러운 것이 아닐 수도 있고, 덜 수치스러울 수도 있다. 프랑스에서 햇볕을 쪼이기 위해 반라로 있는 것, 의사의 진찰실에서 옷을 벗는 것 등을 우리는 외설로 간주하지 않는다. 성행위의 경우도 마찬가지여서 모든 성행위를 우리가 범죄라고 보는 것은 아니다. 여기에도 장소, 시간, 상황, 사람의 문제가 개입된다.

바타유는 인간성의 본질은 동물성을 극복할 때 얻어진다고 본다. 폭력을 눌러 이기는 인간 세계를 창조하는 데 기여했으며, 결혼으로 동물적 욕망 충족을 억제하여 인간다운 삶을 가능하게 했다고 보는 것이다.

에로티시즘과 신비체험을 현미경으로 볼 수 있을까?

성적 체험과 신비론자들의 체험을 비교한 루이 베르나르 신부는 신과의 결합을 상징하는 성적 결합의 문제를 다룬 바 있다. 그에 의하면 성적 결합은 '초월적 신과 인간의 결합'을 상징한다. 왜냐하면 "인간의 체험 속에는 이미 신성을 의미하는 내재적 능력이 숨어 있기 때문"이라는 것이다. 물론 베르나르 신부는 자신이 주장하는 신성의 의미를 지니는 성을 순전히 생물학적인 성과는 다른 것으로 본다.

바타유에 따르면 근대 종교에서는 신성의 의미가 종교적인 의미만을 갖는 것으로 이해되었지만, 고대에서는 신성의 세계가 애매한 의미를 띠고 있었다. 기독교도들은 순결한 것과 불결한 것을 신성한 것과 세속적인 것으로 갈라놓았다. 그러나 이교도들에게 있어서는 신성한 것이 불결한 것일 수도 있었다. 그리고 엄밀하게 따져 보면 기독교에서 말하는 사탄이 신과 전혀 다른 것도 아니다.(영화 「장미의 이름」을 떠올려 보자.)

바타유는 에로티시즘에 있어서의 체험과 종교적 신비체험 사이에는 유사성이 없지 않지만 양자의 관계란 두 가지 체험을 한꺼번에 해 본 사람만이 이해할 수 있다고 주장한다. 환자를 진찰하는 정신과 의사들은 환자의 증세를 알 수 있지만 그들의 내적 체험을 체험할 수는 없다. 마찬가지로 신비체험을 하지 않은 채 신비체험을 다룬다면, 그 사람도 정신병 환자를 다루는 정신병 의사와 다를 바가 없다는 것이다. 에로티시즘과 신비체험의 관계를 분명히 짚어 확인하려면 종교인의 내적 시선으로 되돌아가, 그것을 적어도 가까이 관찰하려고 노력해야 한다는 것이다. 결국 그 자신도 에로티시즘에 대해 언급하지만 그것은 우리의 담론 체계를 초월하는 언어의 영역을 넘어서는 어떤 것이라고 본다.

바타유는 에로티시즘을 사물화시켜 그것을 제대로 알아볼 수 없게 만든 것이 바로 과학이라고 본다. 에로티시즘의 체계를 전혀 파악하고 있지 못한 과학은 에로티시즘을 사물화시켜 그것의 부분적인(극히 일부분의) 진리를 밝히는 데 성공했을는지 모르지만, 에로티시즘의 본체는 밝히지 못하고 실패한 셈이기 때문이다. 바타유가 제시하는 은밀하고 내밀한 경험으로서의 에로티시즘은 명료한 의식과는 거리가 멀다. 명료한 의식은 내밀한 진실을 마치 병을 진단하듯이 진단해 해체시킴으로써 본질에 접근하는데 장애가 된다. 내밀한 진리는 의식 쪽에서는 파악할 수도 없을 뿐 아니라 인식 자체가 불가능하다고 본다. 의식은 성을 혐오와 공포의 대상으로 여기기 쉽다. 하지만 일정한 상황에서 우리는 공포와 혐오에 깃든 다른 의미를 드러낼 수 있게 되며, 그것을 인정할 수 있게 된다.

바타유는 우리를 내면에 이르게 해 주는, 그 끝에 이르게 해 주는 끝없는 충동을 붙잡아야 한다고 본다. 여러 가지 형태로 인간의 삶이 고찰되는 가운데 그 종착역에서 최종적인 진리를 파악할 수 있게 된다고 보는 것이다. 그러나 그 진리는 찬란한 과학의 빛과는 다른 한 줄기 내밀한 빛이어서, 일반적인 사물의 진리와는 공존할 수 없는 침묵의 진리이다!

7

리비도가
인간의 모든 행동을
결정할까?

리비도와 무의식은 어떻게 조우하는가?

어느 날 프로이트(Sigmund Freud, 1856~1939)는 대학에 새로 근무하게 된 유능한 의사로부터 한 부인 환자를 맡아 주지 않겠느냐는 제의를 받았다. 그 환자는 원인을 알 수 없는 불안에 시달리고 있었는데, 그 불안은 하루 종일 주치의가 있는 장소를 일일이 알려 주어야만 마음을 놓을 수가 있다는 것이었다. 당장 달려간 프로이트에게 그 의사는 작은 소리로 말했다. "이 환자가 불안해하는 원인은 결혼한 지 18년이나 되는 그녀가 아직 숫처녀로 있다는 데 있습니다. 그녀의 남편은 성적 불구상태에 있거든요. 이 병에는 단 한 가지 처방밖에는 없지만 그 처방을 하기란 불가능하지요." 의사는 일단 말을 중단했다가 다시 이었다. "처방은 페니스 정상량을 반복해서

복용시키는 겁니다." 프로이트는 이 익살스런 말에 순간 당황했지만 그 후 그는 인간에 내재한 성애에 관한 관심을 높여가게 되었다.

『히스테리 연구』가 출간된 후 몇 해 동안 많은 사례를 검토한 결과, 프로이트는 묘한 사실을 발견했다. 그것은 노이로제의 배후에 있는 감정적 흥분은 으레 성적 성향을 띤 것이라는 사실이었다. 그는 이 뜻밖의 결과에 몹시 놀랐으나 이것을 그냥 지나칠 수는 없었다. 그리하여 진찰할 때 그는 환자들의 성적 행동 및 생활에 대해 보다 면밀히 조사하기 시작했다. 물론 성적 문제를 안고 있는 환자가 많다고 해서 그것만으로 양자 사이에 관련이 있다는 뚜렷한 증거가 될 수는 없지만, 끈질긴 노력을 기울인 결과 분명한 증거가 되는 풍부한 자료를 수집할 수 있었다. 노이로제 역시 장해를 받고 있는 성적 메커니즘에서 오는 질환이라고 본 프로이트는 이 사실을 자신의 동료들에게 역설했으나 돌아온 것은 불신과 경멸뿐이었다.

프로이트는 미지의 영역을 개척함으로써 다른 사람들과는 비교할 수 없을 정도로 동시대인들의 관심을 사로잡았으며, 그의 이론은 신화, 사회적 이데올로기, 정치사상, 혹은 다른 문화적 대상들을 연구하고 응용하는 데 적용되었다. 프로이트는 정신분석을 임상과 다른 영역에 적용하는 데 만족하지 않고, '무의식에 대한 사고'로 향상시켰다. 그가 전개하는 '무의식에 대한 사고'가 기원하고 있는 것은 '성적'인 그 어떤 것이다. 물론 프로이트에게 '성적'이라는 것은 단순히 성욕을 지칭하는 것이 아니다. 프로이트의 무의식의 개념은 인문과학과 사회과학에서 두드러질 정도로 확고한 지위를 확립했다.

화려한 이성의 옷을 입고 의식 세계를 반영하는 문명과 문화의 빈 공간에 프로이트는 무의식의 개념에 성이라는 연결고리를 채워 넣으면서 그 공백을 메워 나갔다. 사실상 문화에서 '성'의 부재는 우연한 산물이 아니라 프로이트가 지적한 바 있는 억압의 과정이 성공적으로 활약한 데서 기인한다. 프로이트가 말하는 억압의 과정은 물론 의식적 단계에서 행해지는 억압이 아니다. 그래서 만일 인간의 행동 가운데 어떤 것이 억압적인 측면을 보인다면 그것은 이미 문명적이라고 할 수 있다. 그것이 성적 충동의 즉각적인 만족을 거부하는 현실원리라는 점에서 그러하다. 사실상 프로이트는 이러한 문화의 토대에 문제를 제기할 야심을 가졌으며 이러한 문제 제기에 따르는 위험을 감수해야했다.

이러한 과정에서 그는 동시대의 많은 사상가들이나 동료 혹은 학자들에 의해 혹독하게 비난받게 된다. 칼 포퍼(Karl Popper, 1902~1994)는 그의 정신분석 이론이 반증 불가능하다는 점에서 과학이 아니라고 비난하였으며, 그의 제자 융(Carl Gustav Jung, 1875~1961)마저도 유아의 행동까지 성적 기원에 의해 설명하려는 프로이트의 견해에 반대하고 나섰다.

사실상 프로이트는 '무의식'이라는 개념을 만들어 냈다기보다는 무의식에 새로운 의미를 부여하고, 신경증 치료와 인간 행동 이해에 적극적인 도구로 활용했다. 프로이트가 인간 행동 가운데 유독 꿈에 주목하는 이유도 바로 '꿈'이 무의식으로 통하는 직접적 통로이기 때문이다. 꿈은 무의식으로부터 생기며, 무의식 안에서 기능하는 일차적 과정이라고 할 수 있다. 이 과정은 이미지와 텍스트 간의 혼합물로 구성된 꿈이 어디에 그 기원을 두고 있는지에 대한 물음에 실마리를 제공한다. 꿈은 고유한 무의식적 욕망이 왜곡되고, 때로는 여러 단계 걸러져 축약, 변형된 이미지나 언어의 형태로 고백되는 통로이다. 따라서 자유연상과 같은 정신분석적 해석 방법에 의존하지 않고 꿈은 외적으로 이해되거나 해석되기 어렵다.

이러한 프로이트의 주장과 가설을 쉽게 이해할 수 있게 도와주는 영화가 바로 미카엘 하네케 감독의 「피아니스트」이다. 영화에서 주인공인 피아니스트 에리카의 몸은 타인과의 소통의 도구이자 통로로서의 역할을 한다. 그리하여 그녀의 몸은 복잡한 힘 관계의 매개 지점이며 작동 통로이자 표현의 도구로서 기능한다. 물론 극중에서 그것은 그다지 성공적으로 작용하고 있는 것처럼 비치지 않는다. 그러나 재미있는 것은 자학이든 가학이든 그녀는 타인의 존재를 고려하지 않는 방식으로 관계를 맺으려고 한다는 점이다. 이러한 모습은 그녀가 피아니스트로서 그녀의 학생들을 지도할 때 잘 나타난다. 지나칠 정도로 차갑고 냉철하게 가르치며 혹독하게 야단치는 그녀의 모습에서는 가학적 영상이, 또 성에 관한 한 마조히스트적 요구를 서슴지 않는 그녀의 요구에서는 극도의 자학적 이미지가 투영되어 나타난다. 인격적 측면에서 볼 때 그녀는 자신에 맞서 대항하는 타자의 요구나 생각을 구체적 삶 속에 반영하지 않고, 절규하거나 독백하듯 자신의 느낌과 생각에 몰입한다. 그리고 일상생활에서 보여지는 그녀의 인격과 태도는 그녀의 성적 환상이나 삶에 그대로 영향을 미친다.

우리는 또한 그녀가 의식의 세계와 무의식의 세계를 넘나드는 모습을 피아노 칠 때와, 성과 관련된 여타의 행동을 할 때(포르노 가게에서 관음증적 행동을 보인다거나, 자신이 사랑하는 사람에게 가학적 성행동을 해 줄 것을 요구한다든가.) 잘 관찰할 수 있다. 전자가 차가운 이성적 양식과 의식을 대변한다면, 후자는 보다 본능적이고 비합리적인 모습을 드러내는 무의식을 대변하는 것처럼 보인다. 그러나 한 꺼풀을 벗겨 보면, 그 반대일수도 있다. 왜냐하면 그녀의 삶을 지배하는 것은 후자이기 때문이다. 그래서 그녀는 피아노 연주를 해야 하는 상황에서 대신 자신의 가슴을 칼로 찌르고 연주하지 않은 채 음악당을 걸어 나오는 길을 선택한다. 그녀는 연주하지 않는다. 물론 감독은 어쩌면 우리에게 그런 타자와의 소통 통로 같은 것은 애초에 존재하지 않는다는 것을 말해 주고 싶었는지도 모른다. 주인공 에리카에게서 자해의 형태로 나타나기도 하는 마조히즘은 그녀를 둘러싼 억압(어머니, 일시적이지만 클레메와의 관계)에 대항하는 항거처럼 보인다. 자신을 망가트림으로써, 자해함으로써 그들의 억압을 앞당겨 치달으려는……. 그것은 자기 극복의 수단인지도 모른다. 결국 그녀에게서 나타나는 사디즘적 행동이나 마조히즘적 행동 모두 그 무의식의 기반은 같다는 생각이 든다. 이 영화는 무의식에 의해 지배되는 의식 세계의 단면을 잘 보여 주고 있다.

인간의 행동을 지배하는 것은 의식인가? 무의식인가?

프로이트는 오스트리아의 정신의학자이자 정신분석학의

창시자로, 1856년 5월 6일 체코 모라비아에서 출생했으나 생의 대부분을 비엔나에서 보냈다. 그는 신경증 환자를 연구하면서 **정신분석**의 방법을 습득하였다. 우리 정신의 밑바닥에 자리한 무의식(의식에 영향을 미치나 꿈이나 정신 분석의 방법에 의하지 않고는 드러나지 않는 부분)의 발견이 그의 커다란 업적이다. 행위의 당사자가 전혀 알지 못하는 이 무의식은 인간의 성 충동과 밀접한 관련을 맺고 있다고 보며, 모든 인간 문화는 순화된 **리비도**(성욕)의 산물이라고 보았다. 신체적 이상은 정신적 갈등에서 비롯될 수 있다고 보았다. 그는 자유 연상과 꿈의 해석, 아동기의 체험, 가족 관계분석이란 기법을 개발하여 치료에 적용하였다. 프로이트 정신분석의 접근 방법은 무의식적 역동성, 현재 문제와 관련된 조기 초기 발달의 중요성, 적응 수단으로서의 불안과 자기방어, 전이와 역전이에 대한 이해를 기초로 하고 있다.

그는 성격에 대한 기본 가정으로 정신적 결정론(인간의 모든 정신적 활동은 그 이전의 행동이나 사건에 의해 결정된다는 것)과 무의식적 동기의 개념(인간의 행동은 과거의 경험에서 결정될 뿐만 아니라 무의식적 동기가 반드시 있다), 그리고 성 에너지로서 리비도 개념(인간의 본능적인 성적 에너지가 사고와 행동의 동기가 된다는 것, 성격 발달에 가장 큰 영향을 미친다고 봄)을 들면서 세 가지 원칙으로서 제시하였다.

프로이트가 밝힌 의식에 대한 지형학적 설명은 의식의 구조에 관한 것이다. 우선 '의식'은 현재를 지각하는 부분으로, 개인이 현실에서 쉽게 알아차릴 수 있는 정신생활의 일부분으로 노력하지 않고도 알게 되는 모든 활동이며 깨어 있을 때에만 작용한다. '전의식'은 생각과 반응이 저장되었다가 부분적으로 망각되는 마음의 일부분으로서, 의식 속으로 떠올릴 수 있는 생각이나 감정들을 포함한다. 또 무의식과 의식을 연결해 준다. '무의식'은 마음의 가장 큰 부분으로, 물 위에 나타난 빙산의 작은 부분이 의식에 해당된다면 그 물 밑에 숨겨져 있는 넓은 부분을 지칭한다. 여기에는 자신이나 사회에서 용납될 수 없는 감정, 생각, 충동 등이 억압되어 있다. 프로이트는 모든 정신 과정이 무의식으로부터 기원하기 때문에 무의식을 가장 중요한 의식 수준이라고 보았다.

프로이트에 있어 핵심 개념어로 작용하는 리비도는 원래 라틴어로 욕망, 욕정을 뜻한다. 1898년 몰이 프로이트 이전에 리비도 개념을 성충동의 의미로 사용한 바 있으나, 1905년에 프로이트는 이것을 인간이 태어날 때부터 갖추고 있는 본능 에너지라는 뜻으로 수용하여 정신분석의 개념으로 사용하였다.

프로이트는 리비도 개념과 관련하여 세 가지 변화된 입장을 보여준다. 초기(1905~1914)에는 리비도를 자기 보존 본능에 대립하고 있는 성 본능(종족 보존의 본능)에 따른 성적 에너지라는 뜻으로 사용했다. 중기(1914~1920)에는 자아본능을 성 본능의 일부로 보고 리비도를 양적 개념으로도 이해하고 있으며, 인간에게 태어날 때부터 갖추어져 있으나 성장과 함께 다음과 같은 단계를 거쳐 발달하는 것으로 설명한다. 프로이트는 리비도를 통한 인간의 성장 과정이 구순기, 항문기, 남근기 등을 거쳐 성기기에 이른다고 보았다. 리비도는 이들 각 단계에 대응한 성감대와 종족의 목표 및 대상을 가지는데, 각 단계에서 충족을 얻지 못하고 울적하면 불안을 낳는다. 또한 리비도가 어떤 대상을 향해 정지하고 있을 때 이를 '고착'이라고 칭하며 그러한 리비도가 에너지를 방출하지 못하고 축적되면 신경증이 나타난다.

이드, 자아, 초자아는 어떻게 조화를 이루고 있을까?

프로이트는 인격이 세 가지 중요한 체계(이드, 자아, 초자

아)로 이루어져 있다고 본다. 정신적으로 건강한 사람의 경우
는 이 세 체계가 통일되고 조화로운 조직을 이룬다.

먼저 **이드**(id)의 유일한 기능은 내적 또는 외적 자극에 의해
유기체 안에 생긴 많은 흥분을 직접 방출하는 것이다. 이드의
이러한 기능은 프로이트가 말한 '쾌락 원리'라고 부른 원초적
생활 원리를 실현시키는 것이다. 여기서의 목적은 고통을 피
하고 쾌락을 찾는 것이다.

다음으로 **자아**(ego)는 자기 충족과 목적 달성을 위해 외부
현실을 인지하고 세계에 적응하려고 노력한다. 여기서는 쾌
락 원리가 아니라 '현실 원리'의 지배를 받는다. 욕구를 만족
시켜 줄 실제 대상이 발견되거나 산출될 때까지 에너지의 방
출을 연기할 줄도 알게 된다. 자아가 적절한 형태의 행동에
의해 긴장을 해소할 때까지 긴장을 참아 낼 줄도 알게 된다.
그리하여 쾌락 원리가 현실을 위해 잠시 보류되기도 한다.

끝으로 **초자아**(Superego)는 인격의 도덕적 또는 사법적 측
면이라고 할 수 있다. 초자아는 현실적인 것보다는 이상적인
것을 대표하고 현실이나 쾌락보다는 완성을 지향한다. 초자
아는 '이상아'와 '양심'이라는 두 개의 하위 체계로 이루어져
있다. 초자아가 채택하는 심리적 보상과 벌은 자랑스러운 감
정 또는 죄스럽거나 열등하다는 감정을 갖게 한다. 자아는 고

결하게 행동했거나 또는 고결한 생각을 했을 때 긍지를 느끼고, 반대로 유혹에 넘어 갔을 때 수치를 느낀다.

이 세 체계는 각기 다른 명칭을 갖고 있기는 하나 서로 독립된 실체는 아니다. 이것은 모두 인격 내부에서 일어나고 있는 각기 다른 과정을 의미한다. 이 셋은 평생을 통해 상호작용하며 서로 뒤섞인다.

인간에겐 성 본능밖에 없는 걸까?

본능은 심리적 과정에 방향을 부여하는 정신적 에너지의 총량이며 또한 본능은 원천과 목적 및 대상과 기동력을 갖는다고 정의된다. 본능은 신체적 욕구의 정신적 대표자이므로 신체적 욕구만큼 무수하다. 프로이트는 최종 결론에서 본능을 두 개의 큰 그룹으로 나눈다. '삶'에 이바지하는 본능 그룹과 '죽음'에 이바지하는 본능 그룹. 개별적 생명체의 마지막 운명은 무기물로 되돌아가는 것이라고 보는 프로이트는 생명이란 죽음에 이르는 우회로라 믿었다. 죽음 본능은 파괴성과 공격성의 형태로 나타난다.

생명 본능은 신체적 욕구의 정신적 대표자이므로 생존과

번식을 위해서는 이러한 욕구를 만족시켜야 한다. 성 본능은 생명 본능 중에서 가장 많이 연구된 것이고, 정신분석의 인격 이론에서 중요한 위치를 차지하고 있다. 성 본능은 신체의 여러 곳에 그 원천이 있는데, 이러한 곳을 '성감대'라고 한다. 프로이트는 입, 항문, 생식기가 중요한 성감대로 작용한다고 보았고 성감대는 생식선에서 분비되는 화학 물질에 의해 감광되는 신체의 일부일 것이라고 생각했다. 성적 본능은 사춘기(성적 성숙기)에 생식을 위해 통합된다. 또한 성적 본능은 다른 삶의 본능과 상호작용을 한다. 입은 신체의 일부인 동시에 음식의 출구이고 적절한 자극을 받으면 관능적 쾌감을 일으킨다.

삶의 본능이 사용하는 에너지 형태는 '리비도'라 불린다. 그러나 프로이트는 죽음 본능이 사용하는 에너지에는 특별한 명칭을 붙이지 않았다. 그는 초기의 글에서 리비도를 성적 에너지로 지칭했다. 삶의 본능과 죽음 본능 그리고 그 파생물들은 서로 연합하기도하고 서로 중성화시키기도 한다. 성적 본능의 파생물인 사랑은 흔히 죽음 본능의 파생물인 증오를 중성화시킨다.

본능은 이드에 자리 잡고 있지만 자아와 초자아에 의해 인도되면서 비로소 밖으로 표출된다. 자아는 삶 본능의 중요 대행자이다. 자아는 두 가지 측면에서 삶의 본능에 이바지한다. 자아는 원래 신체의 기본적 욕구를 만족시킨다. 또한 자아는 환경과 현실적인 관계를 가짐으로써 신체의 기본적인 욕구를 만족시킨다. 또한 자아는 죽음 본능을 죽음의 목적이 아니라 삶의 목적에 이바지하는 형태로 변형시킴으로써 삶의 본능에 이바지한다. 초자아는 자아가 도덕 규칙에 순종하지 않을 때 자아를 처벌한다. 극단적인 형태에서는 초자아가 자아를 파괴하려고 하는데, 우리가 너무 부끄러운 일을 해서 자살하고 싶을 때 일어나는 현상이다.

성 본능은 어떻게 성숙해지는 걸까?

성적 본능에 대한 프로이트의 개념은 일상적인 개념보다 훨씬 광범위하다. 신체의 표면은 어느 부분이나 해소를 요구하고 쾌감을 느끼는 흥분 중추가 될 수 있기는 하지만, 그 가운데서도 중요한 세 개의 성감대는 입과 항문과 성기이다. 주요 성감대는 각기 생명과 관련되는 욕구와 결부되어 있다. 입은 먹는 것, 항문은 배설, 성기는 생식과 결부되어 있다. 성감대에서 생기는 쾌감은 생명적 욕구의 충족에서 생기는 쾌감과는 독립될 수 있으며 실제로 흔히 독립되어 있다. 예를 들면 손가락 빠는 것과 마스터베이션은 모두 긴장을 감소시키지만 전자는 식욕을 만족시켜 줄 수 없고 후자는 생식이라는 목적에 도움을 줄 수도 없다.

성감대는 인격의 발달에 있어 매우 중요하다. 성감대는 어린아이들이 최초로 맞서게 되는 초조한 흥분의 원천이 되며, 쾌락에 대한 최초의 중요한 경험을 제공하기 때문이다.

구순기

대상과 접촉하고 대상을 받아들임으로써 생기는 입술과 구강의 촉각적 자극은 구순(口脣)의 성적 쾌감을 일으키고, 무는 것은 구순의 공격적 쾌감을 불러일으킨다. 뱉어 내는 타입의 인격에서 찾아볼 수 있는 특징은 거만과 경멸이고, 입을 다무는 타입의 특징은 폐쇄적이고 경계적 태도이다. 구순 활동의 여러 양식은 일상생활에서 볼 수 있으며 인간관계와 애정에도 나타난다. 그리하여 경제적, 정치적, 사회적, 종교적 태도에 나타난다.

항문기

입으로 시작되는 소화관의 끝에 항문이 있으며, 이 부분을 통해 소화의 찌꺼기가 신체로부터 배설된다. 배설은 긴장의 원천을 제거해 안도감을 느끼게 한다. 배설은 감정적 폭발, 짜증, 분노 및 그 밖의 원시적 방출 반응의 원형이다.

만일 폐기물의 가치를 지나치게 강조하면 어린아이는 배설할 때 뭔가 가치 있는 것을 상실한다고 느낄 것이다. 따라서 이러한 상실에 대해 의기소침하고 허탈하고 불안한 반응을 보인다. 배설을 참는 것도 항문 기능의 또 다른 양식이다. 이것은 가치 있다고 생각되는 것의 상실을 막으려는 방어 수단으로 사용되지만 배설을 참는 것 자체로도 유쾌한 것이다. 폐기물이 직장의 내부 벽을 적당히 압박해 주는 것은 관능적으로 만족스러운 것이다. 만일 어떤 사람이 이러한 형태의 성적 쾌감에 고착되면, 어떤 대상을 모으고 소유하고 유지하는 일에 관심을 갖게 될 것이다.

남근기

신체에 있어 세 번째로 중요한 쾌감대는 성기로 이루어져 있다. 자신의 성기를 어루만지고 조작하는 것은 관능적 쾌감을 준다. 동시에 부모에 대한 어린아이의 성적 동경이 강화되는데, 어린아이는 부모에 대한 성적 동경에 의해 처음으로 자신의 대상 집중에 있어 일련의 중요한 변화를 겪게 된다. 어린아이가 자신의 성기에 집착하게 되는 성장기를 남근기 또는 음핵기라 부른다. 남성과 여성의 생식기 구조가 다르기 때문에, 이 시기에 일어나는 일은 남성과 여성을 구분하여 설명할 필요가 있다.

남성의 남근기

남근기가 시작되기 전에 소년은 어머니를 사랑하고 아버지와 자신을 동일시하게 된다. 성적 충동이 강해질 때, 어머니에 대한 소년의 사랑은 더욱더 근친상간적이 되고 그 결과 소년은 경쟁자인 아버지를 질투하게 된다. 소년이 어머니에 대한 성적 독점을 갈망하게 되고 아버지에 대해 적의를 느끼는 이러한 상태를 **오이디푸스 콤플렉스**라고 한다. 오이디푸스*는 자기 아버지를 죽이고 어머니와 결혼한, 그리스 신화에 등장하는 유명한 인물이다. 오이디푸스 콤플렉스는 소년에게 새로운 위험을 조성한다. 만일 그가 계속해서 어머니에게 성적으로 집착하게 된다면, 그는 아버지에 의해 신체적인 상처를 입을 위험을 안는다. 소년이 숨기고 있는 특별한 공포는 죄를 범하는 자신의 성기를 아버지가 제거해 버리지는 않을까 하는 것이다. 이때 나타나는 이러한 공포를 거세 불안이라 한다. 소년은 소녀의 성적인 해부 구조를 알게 되면서 자신도 그녀처럼 거세될지도 모른다는 불안감을 갖는다. 거세 불안의 결과, 소년은 어머니에 대한 근친상간적 욕망과 아버지에 대한 적의를 억압함으로써 오이디푸스 콤플렉스가 사라진다.

다른 요인들도 오이디프스 콤플렉스를 약화시키는 데 도움을 준다. '오이디푸스처럼 어머니에 대한 성적 욕망을 충족시킨다는 것은 불가능한 일이므로', '어머니에 대해 실망하고', 대신 '성숙하는 것' 등이 그러한 요인으로 작용한다.

소년이 어머니를 포기할 때, 그는 잃어버린 대상인 어머니와 동일시되거나 아버지와 자신을 동일시하게 된다. 그중에서 어떤 것이 발생하느냐 하는 것은 그 소년의 체질에 있어

---

* **오이디푸스** 그리스 신화에 나오는 테베의 왕 라이오스와 이오카스테의 아들이다. 라이오스는 아들이 아버지를 죽이고 어머니와 결혼할 것이라는 신탁을 받고 아기가 태어나자마자 발목에 못질을 해서 산중에 버렸다. '부풀어 오른 발'을 의미하는 오이디푸스라는 이름은 여기에서 유래했다. 아기는 이웃 나라 코린토스의 왕자로 자랐다. 청년이 된 오이디푸스는 자신이 아버지를 죽이고 어머니와 결혼하게 될 운명이라는 신탁을 받는다. 이 운명을 피하기 위해 오이디푸스는 코린토스로 돌아가지 않고 방랑하다가 한 노인을 만나 시비 끝에 그를 죽인다. 그 노인은 바로 자기의 부친 라이오스였다. 당시 테베에는 스핑크스라는 괴물이 수수께끼를 내서 풀지 못하는 사람을 잡아먹고 있었다. 여왕은 이 괴물을 죽이는 자에게 왕위를 주겠다고 약속했다. 오이디푸스가 수수께끼를 풀어 스핑크스를 죽인 후 왕위에 올랐고, 모친인 줄 모르고 왕비를 아내로 삼았다. 이후에 테베에 나쁜 병이 돌아서 신탁을 맡기자 모든 사실이 밝혀졌고 오이디푸스는 두 눈을 뽑고 방랑하다 죽었다.

남성적 요소와 여성적 요소의 상대적 힘에 달려 있다. 프로이트는 모든 사람이 체질적으로 양성적이라고 생각했다. 다시 말해 남성은 여성의 경향도 갖고 태어난다는 것이다. 소년의 여성적 경향이 상대적으로 강하면 오이디푸스 콤플렉스가 사라진 다음 어머니와 동일시하게 될 것이고, 남성적 경향이 더 강하면 아버지와의 동일시가 강조될 것이다.

이후 생활에 있어 소년의 성격, 애착과 적대감, 남성다움과 여성다움의 정도를 결정하는 것은 이러한 동일시의 상대적인 성공 또는 실패에 달려있게 되는 셈이다.

대략 다섯 살까지는 오이디푸스 콤플렉스가 거세 공포에 의해 억압되고 성적 본능의 에너지가 생리적 변화에 의해 생식 계통에서 증가하는 기간이다. 이 기간에는 어린아이의 성적 충동 및, 공격적 충동이 약화된 상태에 있다. 이 시기를 '잠복기'라고 한다. 사춘기가 되면 성적 충동 및 공격적 충동은 다시 살아나 사춘기의 전형적인 스트레스와 긴장을 일으킨다. 사춘기를 통해 새로운 적응과 변화가 일어나며 마침내 인격의 안정화가 일어난다.

여성의 음핵기

소년의 경우와 마찬가지로 소녀가 최초로 사랑을 느끼는

대상은 자신의 신체에 대한 사랑(자기도취)을 제외하고는 어머니이지만, 소년의 경우와는 달리 아버지와의 초기 동일시는 없는 것처럼 보인다. 프로이트에 따르면, 소녀는 남자아이들과 같이 눈에 띄는 외부 생식기가 없다는 사실을 알게 될 때, 거세당했다고 생각한다. 소녀는 이러한 상태에 대해 어머니를 비난하게 되고, 따라서 어머니에 대한 집중이 약화된다. 어머니에 대한 집중이 약화됨에 따라 소녀는 자기가 잃은 기관을 갖고 있는 아버지를 좋아하기 시작한다. 아버지에 대한 소녀의 사랑은 소녀가 갖지 못한 것을 아버지가 갖고 있기 때문에 선망과 뒤섞인다.

이것을 '남근 선망'이라고 부른다. 이는 남자의 거세 공포와 짝을 이룬다. 남근 선망과 거세 불안이라는 두 가지 조건은 '거세 콤플렉스'라는 동일한 일반적 현상의 두 가지 측면이다. 거세와 오이디프스 콤플렉스는 남근기와 음핵기의 가장 중요한 두 가지 발달상황이다.

소년에게서 거세 콤플렉스가 나타나는 것은 오이디푸스 콤플렉스를 포기하는 중요한 이유로 작용한다. 한편 소녀의 경우에는 거세 콤플렉스(남근 선망)의 원인이 오이디프스 콤플렉스의 도입에 있다. 그녀는 아버지를 사랑하고 어머니를 질투하는 것이다.

소년과 마찬가지로 소녀도 양성적이어서 아버지나 어머니와 동일시하는 힘도 부분적으로는 소녀의 남성적 및 여성적 경향의 상대적 힘에 의해 결정된다. 남성적 요소가 강하면 소녀는 아버지와 더욱 동일시하게 되고 말괄량이가 된다. 여성적 충동이 지배적이면 소녀는 보다 밀접하게 어머니와 자신을 동일시하게 된다. 이러한 동일시의 힘과 성공은 초자아를 형성시키는 동시에 그 후의 생활에 있어서의 소녀의 애착, 적의, 남성다움과 여성다움의 정도와 인격에 많은 영향을 미친다.

성기기의 성욕

구순기, 항문기, 남근기라는 발달의 세 단계는 전성기기(前性器期)에 속한다. 이 시기는 다섯 살까지를 말한다. 전성기기 단계에서 나타나는 성적 본능의 두드러진 특징은 '자기도취'이다. 1차적 자기도취라 불리는 이러한 유형의 자기도취를 이른바 2차적 자기도취와 혼동해서는 안 된다. 2차적 자기도취는 자아가 초자아의 이상과 동일시하게 될 때, 경험하는 '자부심'과 관련된다. 1차적 자기도취는 스스로 자극함으로써 생기는 관능적 감정과 관련되는데, 1차적 자기도취는 육체적 쾌락으로 나타난다. 손가락을 빨고 배설하거나 참는 것, 그리고 마스터베이션 등이 그것에 해당한다.

전성기기 단계의 성적 본능은 생식을 지향하지 않는다. 어린아이는 자신의 신체가 상당한 쾌락의 원천이 되기 때문에 자기 자신의 신체에 집중한다. 어머니의 가슴은 구순 쾌감의 원천이며, 부모가 갓난아이에게 입맞춤하고 어루만지는 것은 관능적 만족감을 준다.

잠복기가 끝남에 따라 성적 본능은 생식이라는 생물학적 목표를 향해 발달하기 시작한다. 사춘기에는 이성에게 끌리기 시작한다. 이러한 애착은 마침내 성적 결합에서 절정에 이른다. 이러한 발달의 마지막 단계를 성기기라고 부른다.

성기기의 특징은 자기도취보다는 대상 선택에서 볼 수 있다. 이것은 사회화되고 집단 활동을 하고, 결혼을 하고 가정을 꾸미고 가족을 이루며 책임을 느끼는 시기이다. 이 시기는 네 시기 중 가장 긴 시기로서 10대 후반으로부터 노령에 달할 때까지 계속되며 노쇠하게 되면 사람들은 전성기기로 퇴행하기 쉽다. 부부 행위의 패턴 가운데 키스나 어루만짐, 애무 등의 형태는 전성기적 충동을 만족시킨다고 볼 수 있다.

결국 인격은 두 가지 조건의 결과로서 발달한다. 자연적 성장에 따라 성숙하고 욕구 불만을 극복하며, 갈등을 해소하고 불안을 줄이는 방법을 배우는 것이다. 학습은 동일시, 승화,

전위, 융합, 절충, 포기, 보상, 방어 등의 형성으로 이루어진
다. 이러한 인격의 메커니즘은 모두 본능적 대상 집중을 새로
운 대상 집중으로 대체하는 것과 관련된다. 자아와 초자아에
의한 집중과 반집중의 형성, 그리고 양자 사이의 상호 관계는
인격 발달 양식을 결정한다.

8

우리가 소비하는 건
기호일까, **상품**일까?

- 우리가 구입하는 건 진짜일까, 가짜일까?
- 가짜가 진짜를 규정할 수 있을까?
- 가짜는 언제 자멸할까?
- 포르노 속에서 육체는 물신화되는가?

우리가 구입하는 건 진짜일까, 가짜일까?

1970년대 중반까지 보드리야르(Jean Baudrillard, 1929~2007)를 국제적인 지식인으로 만든 것은 그의 박사학위 논문을 포함하여 『소비의 사회』, 『기호의 정치경제학 비판』, 『생산의 거울』과 같은 그의 초기 작품들이었다. 그는 '시뮬라시옹', '시뮬라크르'와 같은 개념을 도입하고, '기호'의 세계로 현대 문화를 이해함으로써 그의 사유 방식은 현대의 많은 사상가들에게 영향을 미쳤다.

보드리야르의 작업은 마르크스(Karl Marx, 1818~1883)의 문화 읽기나 경제 해석과 차별을 이루면서 윤곽을 드러내 보여 주고 있다. 마르크스의 관점에서 보면 생산, 노동, 교환가치, 생필품 등이 중요한 개념이겠지만 보드리야르는 이러한 개념들의 반대편에 위치한 '소비'의 구조에 주목한다. 마르크스가 기본적으로 제기한 문제의 틀에 기호학을 접목시켜 현대 자본주의가 갖는 일상성을 비판적인 시각으로 접근하고 그 문제점을 폭로하고, 이러한 서구 사회를 특징짓는 상징체계가 어떤 틀을 갖고 작동하고 있는지를 검토한다.

보드리야르에 따르면 제2차 세계 대전 이후 서구의 정치·경제 제도는 생산된 물품만큼 소비됨으로써 생산이 소비를 좌우하는 구조가 아니라, 반대로 생산이 소비에 의존하게 된다는 사실에 주목하게 된다. 예컨대 소비가 보장되지 않는 범위 내에서의 상품 생산이란 아무런 의미가 없으며, 이런 국면에서 생산을 부추길 수 있는 유일한 길은 소비의 '조장'이라는 것이다.

쉽게 말하면, 가전제품을 비롯하여 자동차, 휴대폰 등이 난무하는 현대 산업사회에서, 그러한 사물이 갖는 필요성에 따라 물품을 구입하는 시대는 이미 지나갔다. 더 편리한 모델, 더 그럴듯한 외관, 고급스러움, 편리함, 신기함 등은 새로운 상품에 대한 신속한 교체로 이어진다. 그러므로 필요해서 물품을 구입하기보다 이제는 새로운 상품과 결탁된 매스컴이나 광고를 통해 양산되는 가상적 이미지에 의해 구매 욕구가 촉진되고 때로는 강요되기까지 한다는 것이다. 소비자는 광고를 통해 창출된 이미지에 따라 새로 구입하지 않고는 견디지 못하며 조바심을 내고 불안해하게 된다.

매력 있는 여성과 함께 등장하는 새로운 자동차는 광고를 보는 이로 하여금 그 상품을 구매하면 그러한 여성을 곁에 둘 수 있으며 많은 여성들의 선망의 대상이 될 수도 있다는 환상을 갖게 한다. 결국 그 자동차를 구매하는 사람은 단순히 자동차 구매보다는 그 자동차에 묶여 연상되는 '이미지'를 구입하는 셈이다. 귀족의 이미지를 연상시키는 신용카드 회사의 선전 문구나 광고 영상 효과도 마찬가지이다. 신용카드 이름과 함께 등장하는 호텔 로비에서의 웨이터의 정중한 대우와 행동은 그 카드를 사용하게 되면 저절로 귀족처럼 신분이 승격될 수 있다는 암시를 준다. 즉 그 카드 구매자에게 카드를 쓰는 것보다는 귀족 신분을 사는 것과 같은 기분이 들게 한다. 이미 자동차가 있는데도, 이미 카드가 있는데도, 이미 휴대폰이 있는데도 불구하고 사람들은 새로운 자동차, 카드, 휴대폰을 구매함으로써 이러한 충동을 충족시키고 새것으로 교체하고 싶어 한다. 이제 더 이상 사물의 구매 욕구는 상품에 대한 필요에서 촉발되는 것이 아니라 복잡한 여러 이미지가 존재하는 또 다른 상징적 가치에 의해 지배당하게 된다. 이때 이미 최초의 상품은 본래의 필요나 사용가치에서 떨어져 나와 독립된 자체의 의미를 새롭게 구축하게 된다.

이와 같이 변화를 겪는 사물의 의미는 궁극적으로는 우리가 세계와 교류하는 방식에 변화를 가져온다. 사물들이 본래의 고유한 성질과 실제적 차원을 상실했다는 것은 우리의 육체가 외부의 사물에 직접적으로 대면할 기회가 없어지고 있다는 것을 의미한다. 우리가 대면하게 되는 것은 이러저러한 형태로 나타나는 기호들의 상징적 차원일 뿐인 것이다. 이와 같은 사물들의 의미변화는 하나의 사물에서 또 다른 이미지로 또 새로운 이미지로 우리를 인도하며 다시 새로운 담론으로 나아가는 과정 속에 있다. 일반 사용자들은 이 안에서 갈피를 잡지 못하고 혼돈에 빠져든다. 이때 앞서 생산된 상품들은 다양해질 뿐만 아니라, 그것들의 의미 자체 역시 변화하게 된다.

앞서 지적한 바와 같이 사물들은 관계 속에서 그 의미를 만들어가는 기호이며 각각의 의미와 기능을 전체 기호체계 안에서 부여받는다. '소비'의 개념 또한 그러한 기호 체계 내에서 이해된다. 생산자는 이제 더 이상 소비자가 필요로 하는 필수품을 생산하지 않는다. 생산자는 소비자들의 욕망을 더 가까이에서 자극하며 그 욕망을 자극할 수 있는 물건들을 생산하고 소비하게 한다.

가짜가 진짜를 규정할 수 있을까?

　매스미디어는 소비자의 욕망을 자극하고 소비를 불러일으키기 위해 광고를 통해 기호를 만들어 내고 상품을 소비시키는 것이 아니라, 기호를 소비하게 만든다. 그리하여 한 가지 상품에 수많은 기호의 옷을 입혀 똑같은 상품이 다양한 기호 속에 녹아들게 되고, 소비자는 하나의 상품에 창출된 다양한 이미지, 즉 기호를 소비하게 되는 것이다. 상품을 소비하는 것이 아니라 기호를 소비한다는 것 자체가 이미 소비의 극한적 확대 가능성을 보여 주는 셈이다. 보드리야르는 바로 현대사회가 이러한 이미지와 기호를 사고파는 소비의 사회라고 진단한다.

　이러한 과정을 거치면서 사물들은 기호 가치체계 속에서 그 자리를 획득하며 다른 한편 인간은 그렇게 사회적으로 형성된 욕구의 체계를 따라 움직인다. 『기호의 정치경제학 비판』에서 보드리야르는 사용가치에 근거를 두고 있는 마르크스의 정치경제학을 비판한다. 또한 상품의 형태가 기호의 형태로 전화하고 있음을 알리면서, 기존의 산업사회를 설명하는 개념적 범주와 가치로는 더 이상 새롭게 변화를 겪는 우리 사회를 설명하기 어려움을 암시한다. 이를 통해 그는 마르크스와 거리를 두게 된다. 그리하여 현대의 새로운 자본주의 사회에서는 기호의 생산이 사물의 생산을 대체하고, 기호와 코드가 지배하는 의미 작용의 체계가 생산양식을 대신하고 있다고 지적한다.

여기에서 기호가 사물을 대체하고 허상(모사)이 실재를 대신하는 사회에서, 보느리야르는 모사물이 실재를 대체하고 지배하게 되는 과정을 어떻게 검토하고 있는지 살펴보자.

그는 실재보다 더 실재같이 기능하고 작용하는 모사의 세계가 새로운 문화를 주도하고 있음에 주목한다. 그는 현대사회에서 실재와 모사물의 관계란 이미 역전된 지 오래며 그 양자간의 경계가 불분명하게 되었다고 저서 『시뮬라크르와 시뮬라시옹』에서 지적하고 있다. 보드리야르에 따르면, 실재보다 더 실재적인 시뮬라크르의 체계가 우리 사회체계를 주도하게 되었으며 그 속에서 사물의 의미체계는 새로운 질서를 형성하고 유지하게 된다.

현대 사회에서는 시뮬라크르를 끊임없이 생산해 내는 대중매체가 현실을 압도하는 가상현실을 보드리야르는 **과실재**(hyperrealite)라고 부른다. 이는 실재보다 더 실재적이고 오리지널보다 더 오리지널처럼 기능하는 '시뮬라크르'를 지칭하는 말이다. 과거에 이미지는 어떤 원형을 모사, 반영하거나 그대로 드러내는 위치에 있었다고 볼 수 있다. 반면에 오늘날의 이미지는 자연적인 원래의 대상을 그대로 재현해 내는 데 목적을 두지 않고, 원래의 모습과는 상관없는 독자적인 모델이나 원형의 위치를 차지하게 된 것이다. 이러한 특권적 지위를 차지한 이미지를 보드리야르는 **시뮬라크르**(허상)라고 부른다.

포스트모더니즘 이론의 기초를 이루고 있는 후기 구조주의의 담론을 그대로 따르고 있는 보드리야르의 이론은 기표(기호)의 질서가 기의(사물의 의미와 대상 그 자체)에 대한 지시 및 재현의 관계로부터 독립하여 자율적인 의미를 생산한다는 입장을 견지하고 있다. 이렇게 생겨난 시뮬라크르는 대상을 그대로 재현하기 보다는, 자기 자신을 지시하며 창조한다. 그 뿐 아니라 기호가 창조한 대상은 재현의 범위를 넘어 자연적 대상을 능가하기까지 한다. 그것은 어떤 의미에서 더 실재적이고 탁월하여 과실재(hyperreel)로 기능하기 때문이다.

그것이 과실재인 이유는 자연적 대상보다 이상적이고, 그 대상에 대하여는 모델의 위치를 점하고 있기 때문이다. 이전에는 자연적 대상을 기준으로 의미와 가치가 창출되었던 반면, 탈근대 사회에서 우리는 기호가 생산한 대상에 비추어 거꾸로 원래 대상의 의미와 가치를 평가한다. 기호체계는 자연적 대상을 비추는 거울이 되었으며, 인간은 그러한 거울을 배제하고는 사물에 대한 통찰을 할 수 없게 되었다. 그러므로 기호의 힘은 원래의 자연적 대상을 능가할 뿐 아니라 주체로서의 인간 또한 초월한다.

이러한 기호의 세계는 인간이 완전히 파악할 수도 없고 통제할 수도 없는 자율적 영역을 구축한다. 자연적 지시 대상으로부터 뿐만 아니라 인간으로부터 해방되어 있는 것이다. 이는 더 나아가 대상과 주체를 구성하는 틀로 기능한다. 보드리야르가 지칭하는 시뮬라시옹은 기호에 의해서 자연적 실재를 넘어서는 과실재가 산출되는 과정을 가리킨다.

가짜는 언제 자멸할까?

보드리야르는 탈근대 사회를 지배하는 기호체계와 시뮬라크르는 끝없는 자기 증식의 최종 단계에서만 파괴될 수 있다고 설명한다. 그에게서 코드의 바깥은 없는 셈이다. 기호는 그 특성상 무한 증식하다가 다른 기호와의 변별적 관계가 상실될 때까지, 그리고 유사 기호가 증가함으로써 기호로서의 기능을 더 이상 하지 못하게 될 때까지는 엄청난 힘을 과시하게 된다. 그러나 그 제한도의 극한에서 기호는 자기 파괴의 길을 걷게 되는데 보드리야르는 이 상황을 '내파(implosion)'라고 칭한다. 이 단계에서는 기호가 지닌 의미 자체가 소멸하며, 정보의 홍수 속에서 어떤 것도 그 기능을 제대로 하지 못하고 사라지게 된다. 코드의 과잉과 포화 상태가 극한에 도달하면서 재앙이 초래되는 것이다. 정치적 발언의 홍수 속에서 정치가 일반화되며, 예술의 홍수 속에서 예술 고유의 독자성은 사라진다. 성조차 모든 곳에서 외설적으로 탐욕적으로 노출됨으로써 초기에 노렸던 성적 욕망조차 감소하게 되는 지경에 이르게 된다는 주장이다. 보드리야르는 이와 같은 현상을 "기호의 안개 속에 실재가 사라진다."라는 표현으로 요약한다. 이러한 논지는 그가 대략 10년에 걸쳐 발표한 글을 모아 놓은 『토탈 스크린』에 잘 정리되어 나타나 있다.

예컨대 모든 행동 언어가 정치적인 뉘앙스에서 벗어나지 못하고 정치적인 것이 되어버리면, 그 어떤 말이나 행동도 정치적 효력을 발휘할 수 없으며 그런 의미에서 정치적인 것은 사라지게 된다는 의미이다. 마찬가지로 성적 욕망과 그에 따르는 표현 행위도 무제한적으로 도처에 편재하게 되면 그 어떤 것도 성적 욕망을 자극하는 코드로 기능할 수 없게 된다. 영상 정보기술의 발전으로 스크린이 도처에 난무하게 되면 주객의 차이, 보여 주는 자와 보는 자의 구분이 사라지고 사막화 된다.

이러한 보드리야르의 이론은 스크린은 외부가 있을 때만 스크린일 수 있다는 논리를 보여 준다. 정치적인 것은 비정치적인 것이 있을 때만 정치적일 수 있고, 성적인 것 또한 그것을 가리고 있는 것이 있을 때만 성적인 요소로 기능할 수 있다. 온 천지가 성의 코드로 꽉 차 있고 모는 표현이 성적인 코드로 둘러싸여 있는 곳에서 우리는 어떤 성적 유혹도 느낄 수 없다. 어떤 S는 그것과 일정한 거리를 유지하고 있는 −S가 있을 때만 S일 수 있다는 것이다.

그는 현대사회가 거의 모든 영역에서 이런 형태로 자체의 잉여 공간(−S)을 상실하고 있기 때문에 모든 것은 코드에 종속된다고 한다. 또한 시뮬라크르의 대상이 되어감에 따라 사막화 과정을 겪고, 자체의 힘을 극단적으로 실현시키는 과정에서 자멸하게 된다고 본다.

대상보다 더 실재적인 기호인 시뮬라크르에 의해 잉태된 상징적 가치는 사실상 사물의 사용가치나 교환가치보다 훨씬 우월한 고지에 위치하고 있다. 소비사회로 집약되는 오늘날의 현대 자본주의 사회에서 구매와 소비의 대상은 자연적 대상으로서의 상품 자체나 용도가 아니라, 상징적으로 형성되어 그 사물에 매개된 기호학적 가치인 셈이다.

보드리야르는 에이즈, 전자 바이러스, 테러리즘, 광우병 등에 주목하고 이런 현대를 상징하는 현상들을 우리 시대의 고유한 병리적 징후로 간주한다. 에이즈는 성의 상징적 코드가, 전자 바이러스는 정보 코드가. 광우병은 생물학적 코드가 과잉 상태를 겪으면서 생겨나는 '혼돈 상태'라는 것이다.

포르노 속에서 육체는 물신화되는가?

포르노에는 세부적인 것에 대한 환각이 작동하고 있다. 과학에 지대한 영향을 받은 우리는 현미경적인 미세한 관찰에 익숙해 있을 뿐만 아니라, 아주 세부적인 것 속에서 과다한 실재를 관찰하는 습관에 젖어 있다. 게다가 눈에 보이지 않는 세포들의 구조에 관한 기초 도면과 정확한 것을 훔쳐보려는 기묘한 욕구에 길들여져 있다. 우리는 상상의 영역에서 유희를 하기보다는 장치의 정교함에 의해서만 밝혀질 수 있는 사실에 익숙해져 있어서, 비밀이라는 공간은 이제 사라져버렸다.

보드리야르에 따르면 포르노적인 묘사에서 나체는 하나의 기호에 불과하다. 옷으로 가린 나신은 보일 듯 말 듯 은밀한 대상으로 기능하고, 벗겨진 나체는 신체 그 자체가 하나의 기호로서 표면에 떠오른다. 흥분해 있는 성기는 하이퍼섹슈얼리티(과잉성욕) 속에서 하나의 기호로 작동한다.

사람들은 과도하게 드러나 있는 성의 실재(본 모양) 속에서 베일이 벗겨진 채 꿈틀거리는 성의 작용 속에서 정신을 잃고, 그 모습을 따라 눈을 이동하면 할수록 더욱 그 기호들 속에 잠식되고 무한한 기호체계 속에 갇히게 된다. 말하자면 실제 성행위 모습보다 더 실재처럼 작동하는 성의 유희를 통해 존재하지 않는 육체의 과도한 몸짓들, 작위적 행위들과 같은 과 실재의 시뮬라크르르에 잠기게 된다는 것이 보드리야르의 생각이다.

육체에 관한 우리의 모든 문화는 육체적인 욕망을 표현하는 것뿐 만 아니라 그것을 입체적으로 전달하는 과정에서도 과도한 기호체계를 작동시킨다고 볼 수 있다. 그리하여 늘 벌거벗은 채로 사는 어느 원주민에게 있어서 벗은 몸이란 특별한 육체적 기호로 작동하지 않는다. 그것은 단지 벌거벗은 것에 불과할 뿐이며 나체를 객관적인 대상으로 기호화하지 않는다. 그런 종족의 문화 속에서 육체란 그저 얼굴과 마찬가지의 기능을 할 뿐이기 때문이다. 거기에서 육체는 음란한 것도 외설스러운 것도 아닌 것이다. 그저 벌거벗은 채로 보여지고 있을 뿐이다.

그러나 육체가 물신화되어 대상으로 꿈틀거리는 문화권 속에서 육체는 얼굴과 구별될 뿐만 아니라 유혹의 대상으로 태어난다. 여기에서 육체란 우리의 눈에 엄청나게 드러나는 욕망의 기호로 기능한다. 외설스런 육체가 완전한 승리를 거두고, 얼굴이 의미를 상실하게 되는 단계가 바로 포르노인 셈이다.

에로틱한 상황을 극단적으로 자아내는 포르노에 등장하는 배우들에게 얼굴은 그다지 큰 의미를 지니지 못한다. 그래서 포르노에서 기억에 남는 것은 배우들의 생김새가 아니라 그들의 성적 행위들이다. 여기에서 상황이 더 극단화되어 실내의 음향효과에 치중하게 되면 육체조차도 흩어져 버리고 신음 소리와 교성만이 실내를 장악하여 관찰자의 시선은 소리에 몰입하게 된다.

보드리야르의 공식에 있어서 생산한다는 것은 비밀스러운 유혹의 공간에 속하는 것을 억지로 끌어내어 우리 눈에 구체화시키는 것이다. 그리하여 유혹은 생산에 대립되는 개념으로 이해된다. 그러나 성행위가 즉각적으로 이루어지고 쾌락과 욕망이 강렬하게 실현되는 우리의 대중문화와 포르노에서 유혹은 찾기 힘들다. 포르노에서 실재는 과장되어 표현되고 성행위는 미세하고 적나라하게 드러내 보이면서 구체화가 강요된다.

우리는 포르노를 놓고 일반적으로 두 가지 관점에서 비난한다. 우선 성매매와 그것이 가져올 타락상에 대해 비난하며, 다음으로는 관찰자를 하이퍼리얼리티(과실재(過實在)) 속에서 기만하기 때문에 비난한다. 자유롭게 해방된 성이 아니라 인간을 욕망의 도구로 구속하는 성, 그리고 그것을 통해 자본과 결탁하여 성과 욕망에 대한 진실을 은폐한다는 것이나.

실제적인 성행위의 관점에서 보면 포르노에서 보여 주는 것과 같은 실재의 세계란 그저 상상의 세계일 뿐 이다. 과도한 흥분과 쾌락, 과도한 행위들의 난무를 바라보면서 그곳에 시선을 몰두하고 있는 관찰자는 구체적이고 실제적인 개별적 성행위를 오히려 불완전하고 잘못된 어떤 것으로 여긴다. 그리하여 이상화된 대상을 쫓아 상상적 조루 상태에 빠지는 경험을 하게 되기까지 한다.

오늘날의 우리 문화를 '조루의 문화'라고 까지 보드리야르가 표현하는 것은 바로 이러한 관점에서이다. 실재보다 더 실재 같은 대상에 빠져 있는 관찰자는 자기도 모르는 사이에 가상의 인형과 같은 대상의 행동에 빠져들어 과도한 성욕을 소비할 욕구를 느끼고 그러한 자본의 체계에 자기도 모르는 사이에 휘말리게 되는 것이다.

그리하여 보드리야르는 오늘날 우리가 이해하고 있는 성욕이란 생물학적 의미에서 이해되기 보다는 '그리 오래되지 않은, 우리의 의식에 익숙해진 하나의 습관'으로 이해될 필요가 있다고 설명한다. 왜냐하면 이러한 문화에선 성행위 자체가 궁극적 관심의 대상이 되는 것이 아니라 그와 관련된 '소비'가 주요 관심사이기 때문이다. 여기서 우리는 자본의 논리에 따라 강제적 사정 행위를 할 뿐 아니라 생산의 곡선을 따라 움직인다. 사랑 행위 역시 이러한 결론을 끌어내기 위한 과도기적 단계라는 가설을 내세우면, 좀 심한 억측이라는 비난을 면하기 어려울까?

자연스럽게 욕망을 표출하는 단계를 넘어 버린 현대인은 욕망이란 언제나 즉각적으로 실현되어야 한다는, 보이지 않는 강압적인 요구에 시달린다. 사람들은 도처에 숨겨져 있는 욕망과 충동의 코드와 기계적인 체계에 기능적으로 잘 맞춘 채 톱니바퀴처럼 움직인다. 심지어 우리는 이런 환청에 시달리게 된다. '너는 성욕을 가지고 있으니 소비해야 한다, 너의 무의식은 그것을 말해야 한다, 너는 육체를 가지고 있으니 그것을 향유해야 한다, 너는 리비도를 가지고 있으니 그것을 소비해야 한다.'

이러한 과정을 거치면서 우리의 육체는 성적인 것만을 담아내는 그릇으로 기능할 뿐 더 이상의 의미는 존재하지 않는다. 오늘날 우리 주변을 둘러싸고 있는 대중매체를 통한 광고 메시지를 보면 이러한 현상을 쉽게 읽을 수 있다. 자동차 광고를 비롯하여 휴대폰, 초콜릿, 콜라, 주류 등의 상품광고를 조금만 눈여겨보면, 우리는 그러한 광고들이 상품 자체의 사용가치 보다는 광고 언어에 의해 그 상품에 부가되는 '기호학적 가치'에 주목하고 있음을 쉽게 알 수 있다.

예컨대 자동차 광고의 경우, 늘씬한 젊은 여성을 자동차와 함께 이미지화함으로써 특정 자동차의 구매가 여성의 유혹을 동반할 수 있다는 환상을 갖게 한다. 주류 광고 또한 속이 비치는 야한 속옷을 걸친 여인을 술과 함께 등장시킴으로써 술의 소비와 아리따운 젊은 여성의 이미지를 중첩시킨다. 우리가 흔하게 접하게 되는 코카콜라 광고 역시 콜라병의 외형을 여성의 나체와 유사하게 만들어 보임으로써 콜라를 마시는 순간 여성의 몸을 만지고, 그런 몸을 지닌 여인 자체를 소유할 수 있다는 이미지를 소비하게 한다.

결국 코카콜라를 마실 때 우리가 소비하는 것은 거품이 들어 있는 검은 액체가 아니라 그것에 담겨 있는 기호학적 가치인 젊음과 여성의 상품적 특성 및 성적 유혹인 셈이다. 말하자면 특정 음료가 이러한 기호학적 가치를 매개로 다른 음료와 구분되는 변별적 가치를 소비하는 것이다.

그런데 중요한 것은 이러한 기호학적 가치가 상품 생산과 소비 과정에만 국한되어 끝나는 것이 아니라는 점이다. 이러한 상징적 기호체계는 우리가 살고 있는 현실 자체를 구성하고 창출하며, 우리의 구체적 삶에 깊게 관여한다. 말하자면 성을 통한 소비문화는 모든 사물의 진실 코드를 성이라는 요소에 초점을 맞추게 하고, 외모와 태도를 성적 자극이라는 코드에 맞추게 하는 문화를 만들어 낸다. 요즈음 우리가 우려하고 있는 외모 중심 사회의 대표적 징후군인 성형 신드롬이나 다이어트 열풍 등이 바로 그 증거라 할 수 있다.

봄이 되면 유행처럼 반드시 찾아오는 밸런타인데이나 화이트데이, 빼빼로데이 등도 이러한 현상을 보여 주는 좋은 예라 할 수 있다. 여기에서는 초콜릿 판매라는 자본의 목적이 젊은 남녀의 사랑 행위를 매개로 하여 구현된다. 남녀의 자발적 감정 표현이 아름답게 드러나는 사랑이라는 현상 자체를 초콜릿과 연결시킴으로써, 사랑하면 초콜릿을 건네야 한다는 코드를 작동시킨다. 성인 남녀의 주머니도 모자라 초등학생의 용돈까지 겨냥한 모드가 바로 빼빼로데이이다.

이와 같이 우리 삶에 깊게 침투해 있는 성을 매개로 한 소비문화는 상품 판매라는 초기의 목적 실현으로 끝나는 것이 아니라, 대중의 의식 틀을 그것에 맞게 바꾸어 가고 무의식중에 세뇌시킨다. 이는 모든 것이 기호와 코드로 조작되는 후기 산업 사회에서 구체적인 상품과는 분리된 '기호'가 불러일으킨 욕망에 의해 구매 행위가 이루어지기 때문이다. 그것은 결국 실제 상품과 진짜 욕망의 만남이 아니라 '상징적 기호'와 '가짜 욕망'의 만남인 것이다.

9

성은
억압돼 왔을까?

- 성적 욕망은 어떤 경로로 세분화될까?

- 성적 욕망을 과학으로 만드는 것은 가능한가?

- 성적 욕망의 장치는 어디에서 작동하는가?

- 죽음에 대한 권리와 삶에 대한 권력은 조우할 수 없는가?

- 진리는 유통되는 담론 내에서만 유효한가?

성적 욕망은 어떤 경로로 세분화될까?

많은 학자들과 성 해방론자들은 인간의 성이 억압으로부터 벗어나 자유로워져야 한다고 말한다. 물론 현대에 와서 과거보다는 많이 자유로워졌다고 말한다. 눈만 뜨고 일어나면 성에 관련된 메시지를 수시로 접하게 되고, 성과 관련된 범죄 또한 빈번하게 발생하고 있기 때문이다. 텔레비전에서 내보내는 광고의 대부분은 성과 관련된 메시지를 상품화하는 데서 시작한다. 게다가 국회의원의 여기자 성추행에서 교도관의 재소자 성추행, 지하철에서의 승객 성희롱, 군대에서의 동성 간 성추행, 강의 중의 음담패설에 이르기까지 오늘을 살아가는 우리는 '성'이라는 말을 떼어 놓고는 더 이상 살아갈 수 없게 되었다. 물론 이런 식으로 성과 관련된 사건, 광고가 난

무한다고 해서 성이 해방된 것은 아닐 게다.

그렇다면 지금으로부터 200여 년 전 엄격한 청교도 문화권 내에 있었던 빅토리아 여왕 시대의 유럽 사회는 어떠했을까? 그 당시에서부터 오늘날에 이르기까지 성은 억압되어 온 걸까? 아니면 자유로운 담론 문화를 등에 업고 대부분의 보통 사람들은 성적 자유를 만끽하며 살아왔을까?

프랑스의 현대 철학자 미셸 푸코는 우리가 피상적으로 알고 있는 것과는 반대로 그동안 성은 억압되어 왔다고 보지 않으며, 또한 권력에 의해 침묵을 강요당해 왔다고도 생각하지 않는다. 그래서 성 해방주의자들이 성에 관해 좀 더 많이 떠들고 공공연하게 거론하면서 억압에서 벗어나 자유롭게 성을 추구하는 것이 해방이라고 주장하는 입장에 반대한다.

그는 그러한 입장에서 벗어나 복잡하고 다양한 성 장치의 메커니즘이 우리의 삶 속에 얼마나 깊숙이 침투해 있으며, 어떻게 작동하고 있는지를 제도나 실천 또는 이야기들을 통하여 전략적 관점에서 접근해 나간다. 성 장치는 성에 관한 이야기들을 침묵하게 하는 것이 아니라 오히려 수다스럽고 떠들썩하게 이야기를 표면 위로 끌어올린다. 또한 권력은 성에 관한 일정한 이야기들에 끼어들면서 성과 관련된 이야기들을 조직화하고, 제도를 새롭게 엮어 나간다.

푸코는 우리가 일반적으로 받아들이고 있는 '억압 가설'과 관련하여 세 가지 질문을 던진다. 성이 역사적으로 억압되어 왔다는 것이 명백한 사실인가? 권력은 본질적으로 성을 억압하는 메커니즘을 갖고 있는가? 억압의 시대와 억압에 대한 비판의 시대는 서로 다른 시대인가?

그가 억압 가설에 반론을 제기하는 것은 그러한 가설이 잘못되었다는 것을 보여 주기 위한 것이라기보다는, 오히려 17세기 이래 근대사회의 내부에서 성에 관해 언급되어온 담론들(이야기들)의 일반적 구조 속에서 그 가설을 다시 한 번 검토해 보기 위한 것이다. 둘째는 어떻게 권력이 우리들의 일상적 쾌락에 침투하여 그것을 통제하는가를 살펴보는 것이다. 마지막으로는 담론 생산에서 버팀과 동시에 도구의 역할을 하는 '앎에의 의지'를 끄집어내는 것이다.

그러므로 그가 밝히고자 하는 것은 16세기 이래 '성'에 관한 논의는 규제를 겪기는커녕 반대로 점점 더 선동되어 왔다는 점이다. 또한 권력이 성에 행사하는 기술은 엄격하게 적용되어온 것이 아니라 성적 욕망들을 다양한 형태로 확산시키고 정착시켜 왔다는 것, 그리고 알고자하는 욕구는 끊임없이 성적 욕망에 관한 과학을 구성하는 데 몰두해 왔다는 것 등이다.

푸코에 따르면, 18세기 이래로 성에 관한 이야기는 끊임없이 나왔고, 성에 관한 담론들은 권력에 대항해서가 아니라 성에 관한 담론이 유통되는 바로 그 현장에서 권력 행사의 수단으로 기능했다. 성에 관해 말하게 하고 그것을 은밀히 듣거나 기록하는 장치들이 도처에 마련되어 왔던 것이다. 우리는 여기서 성에 관한 하나의 담론보다는, 갖가지 제도 속에서 기능하는 일련의 메커니즘에 의해 산출된 많은 담론들이 문제가 된다는 점에 주목할 필요가 있다.

푸코는 우리가 현재 몸담고 있는 현대사회 및 19세기 부르주아 사회는 성적 도착이 폭발적으로 나타났던 시대라고 본다. 성적 도착은 모호하게 당시 사회의 제도들에 묶여 있었는데, 여기서 문제가 되는 것은 사회가 육체와 성에 대해 가한 권력의 유형이다.

푸코는 이러한 권력의 유형이 법의 형태나 금지의 형식을 취하지 않는다고 본다. 오히려 그것은 특이한 성적 욕망들의 세분화를 통해 진행되며, 한계를 설정하지 않는다는 것이다. 그것은 성적 욕망을 없애려 하지 않고 오히려 개인의 육체 속에 끼어든다. 또한 여러 가지 성적 욕망들의 변종들을 끌어들이며 확대시킨다.

이러한 맥락에서 '성적 도착의 장착'은 빅토리아 여왕 시대의 교훈적 주제가 아니라 일종의 권력이 육체와 육체의 쾌락에 간섭함으로써 생긴 실제적 산물이라고 보는 것이 푸코의 생각이다. 권력은 성과 쾌락에 미세하게 그리고 점진적으로 접근한다.

권력의 확대로 인해 성적 욕망은 세분화되고 권력은 여러 가지 성적 욕망들 하나하나에 간섭하기 시작한다. 이러한 연쇄 고리는 특히 19세기 이래 의학, 정신병학, 매춘, 포르노그래피의 증가와 더불어 쾌락을 세분화시키며 통제하는 권력의 증가와 밀접한 관계를 맺어 왔다. 쾌락과 권력은 서로 대립 관계에 있는 것이 아니라 오히려 쾌락을 양산해 왔다는 것이 푸코의 설명이다. 이러한 주장 위에서 푸코는 근대 산업사회가 성에 대해 한층 더 억압적 시대를 열었다는 가설은 분명 포기되어야 한다고 본다.

성적 욕망을 과학으로 만드는 것은 가능한가?

중세 이래로 '고백'은 성에 관한 참된 담론의 생산을 지배하는 일반적인 모체였으며 오늘날도 마찬가지라는 것이 푸코의 생각이다. 고백을 통하여 사회는 개인의 쾌락에 관한 은밀한 이야기를 끌어내고 듣는 일에 관여하게 된다는 것이다. 이런 과정에서 고백의 절차는 확산, 다양화되었고 그 영역 또한 확대되었다. 고백의 내용은 때로 기록되면서 문서화되기도 하고 때로는 사라져 갔으나, 의학과 정신병학 및 교육학에 힘입어 견고하게 자리를 잡기 시작했다.

그리하여 일상에서 일어날 수 있는 흔한 성적 문제도 병적인 이상이나 특정한 증상이 악화된 것으로 치부되었다. 이러는 과정에서 고백은 육체와 생명에 관한 과학적 지식의 일부가 되었다. 푸코는 19세기를 거치면서 근대 서양을 특징짓는 성을 둘러싼 인식이 고백의 관습을 과학화하는 방법들을 찾아내고, 성에 관한 고백이 어떻게 과학적인 형태로 구성되기에 이르렀는지를 분석한다.

우선 푸코는 '말하게 하기'를 임상적으로 체계화함으로써 과학화의 과정을 거치게 되었다고 설명한다. 고백과 검토, 자기 자신의 이야기와 판독할 수 있는 징후 및 증상 전체의 전개를 결합시키는 것, 자세한 질문, 기억을 환기시키는 최면, 자유연상 등은 과학적으로 받아들일 만한 관찰 결과들 안에 고백의 절차를 다시 포함시킬 수 있었다.

둘째, 일반적으로 수용된 인과관계의 틀에 의해 가능했다고 본다. 19세기에는 모든 질병과 육체적 기능장애가 적어도 부분적으로는 성적인 병인을 갖는다고 생각되었다. 어린이들의 나쁜 습관에서 성인의 폐병, 노인의 뇌졸중, 신경질환, 종족의 퇴화에 이르기까지, 당시 의학은 모든 질병이 마치 성적인 문제와 밀접한 관련이 있는 것처럼 생각하였다. 푸코는 '성이 모든 것의 원인'이라는 원칙은 고백의 절차가 과학적으로 활용되는데 중요한 이론적 밑거름이 되었다고 본다.

셋째, 성적 욕망은 본질적으로 잠재적 성향을 띤다는 원리를 적용하였다. 성을 과학의 영역에 통합시킴으로써 19세기는 고백의 방향을 다른 곳으로 돌렸다. 그리하여 고백은 단순히 우리가 숨기고 싶어 하는 것을 말하게 하는 것이 아니라 개인 자신에게도 숨겨져 있고, 그래서 묻는 자와 대답하는 자가 함께 참여하는 고백의 작업을 통해서만 점차적으로 드러날 수밖에 없다는 논리가 깔려 있다.

넷째, 해석의 방법이 주요 위치를 차지하게 되면서 과학의 영역에 진입하게 되었다. 진실을 생산하는 작업이 과학적으로 유효해지려면 해석의 과정을 거쳐야 한다. 고백을 듣는 자는 단순히 위로나 용서를 하는 입장이 아니라 고백을 가로질러 그것을 판독함으로써 해석해 내야 한다. 고백을 증거가 아니라 징후로 삼고, 성적 욕망을 해석되어야 할 어떤 것으로 만듦으로써, 19세기는 고백의 절차를 과학적 담론의 형성에 끼워 넣어 기능할 수 있게 하는 가능성을 획득했다.

다섯째, 고백 효과의 의학화에 의해 가능했다. 정상과 병리의 규범에 의해 성적인 것에 고유한 병적 특성이 부여되었다. 성은 병리학적으로 매우 취약한 영역으로 본능, 성향, 심성, 쾌락, 행동에 관한 질병학의 중심에 있는 어떤 것으로 나타난다. 그리하여 고백은 진단에 반드시 필요하며 그 자체로 치료에 효과적인 것으로서 적절한 시기에 말한다면 그 병은 치유될 수 있다는 논리이다.

고백의 기술과 과학적 담론 및 성이 교차하는 지점에서 성적 욕망은 '본래부터' 존재하는 것, 즉 병리학적 과정에 편입될 수 있는 것으로서 치료나 정상화의 개념을 불러일으키는 영역이자 판독되어야 할 장이며 인과관계의 발원지로 이해된다.

따라서 푸코는 우리 삶에 깊숙이 침투해 있는 성 장치를 무조건 부정할 것이 아니라 그러한 장치들을 사실로 받아들여 분석의 방향을 돌리는 것이 중요하다고 본다. 그래서 일반적으로 허용된 억압이나 우리가 알고 있다고 추정하는 것에 맞서는 무지로부터가 아니라, 지식을 생산하고 이야기를 만들어 내며 쾌락을 유도하고 권력을 발생시키는 기구들로부터 출발해야 한다고 말한다. 그리고 그것들이 어떻게 나타나고 작용하는지에 귀 기울일 필요가 있다고 강조한다.

성적 욕망의 장치는 어디에서 작동하는가?

푸코는 성적 욕망이란 가장 눈에 안 띄는 요소가 아니라 가장 많은 술책에 이용될 수 있고, 다양한 전략들을 위한 거점 또는 연결점의 구실을 할 수 있다고 본다. 그래서 도구로 이용될 가능성이 가장 큰 요소 중 하나라고 본다. 그는 성의 모든 현상을 포괄하는 하나의 현상이 있다고 보지 않으므로 성에 대한 지식과 권력의 특수한 장치들을 탐구했다. 그리하여 18세기 이래 전개되어 온 네 가지 주요 전략들을 제시했다.

첫째, 여성 신체의 히스테리화를 든다. '히스테리'라는 말 자체가 여성의 '자궁'을 지칭하는 것만 봐도 여성 신체 자체를 어떻게 병리적 측면과 연결하여 구성하였는지 쉽게 알 수 있다. 여성 육체는 성으로 가득 찬 것으로 여겼으며 여성에 내재한 고유한 병리학적 설명은 의학 영역에 크게 영향을 미쳤다.

둘째로, 성 장치는 어린이의 성을 교육의 영역에 끌어들여 문제화한다. 모든 어린이는 성적 활동에 몰두하거나 그러기 쉬운 경향을 갖는데 그러한 성적 활동은 부당하다고 보고 부모, 교사, 의사, 심리학자가 여기에 개입한다. 어린아이들과 관련된 쾌락을 다양한 방식으로 추적하면서 그런 위험이 내재한 모든 곳을 감시한다. 푸코는 이와 같이 성적 권력이 아이들의 성적 행위들을 작용 지점으로 삼아 그 영향력을 증대시킨다고 본다.

셋째로, 성 장치가 생식 활동을 사회적으로 관리하는 점을 든다. 여기에는 경제적 측면에서 부부의 생식력을 격려하거나 제한하는 방법, 예컨대 둘째 아이를 가지면 육아 지원금을 지원한다든가 하는 것이 여기에 해당된다. 정치적 측면에서는 사회에서 결혼한 부부가 담당해야할 책임을 명시하며, 의학적 측면에서 질병의 원인을 산아 제한으로 설명하는 방법이 동원된다.

넷째로, 성 장치는 도착적 쾌락을 정신의학에 편입한다. 여기에서는 자연스런 성적 본능까지도 침해할 수 있는 모든 성 행동을 분석하고 모든 행동을 정상과 비정상의 범주로 묶어 분류함으로써, 정상 행위로 묶일 수 있는 사소한 성 행동마저도 병리학에 편입시킨다. 일단 성적으로 낯설게 보이는 양상들을 비정상의 범주에 넣고 교정해야 될 것으로 간주한다.

결국 성 장치는 권력이 억누르려고 하는 일종의 자연적 소여(所與)나 어두운 영역이 아니라 일종의 역사적 장치인 셈이다. 다시 말해 그것은 파악하기 힘든 은밀한 것 아니라 육체를 자극하고, 쾌락을 증대시키며, 일정한 형태로 성 담론을 선동하고 지식을 형성한다.

푸코가 이 지점에서 포착하는 또 하나의 사실은 성이란 대단히 긍정적인 담론들을 수없이 증식시켜, 결국 개인이나 주민들의 행동을 통제하고 관리하는 힘을 행사하는데 그것이 바로 생체 권력, 즉 생명을 관리하는 권력이라는 것이다.

죽음에 대한 권리와 삶에 대한 권력은 조우할 수 없는가?

지금까지 성 장치가 어떻게 근대 이후 인간의 욕망을 만들어 냈는가를 살펴보았다. 이제는 푸코의 분석을 따라 생명을 관리하는 권력이 생명이라는 개념 틀로 어떻게 근대인에 접근해 나가는가를 살펴보자.

오랫동안 군주의 권력을 특징짓는 특권 중 하나는 삶과 죽음에 대한 권리였다. 군주는 자신의 생존이 위태롭게 될 경우, 신하에게 이 같은 권리를 행사한다. 그래서 군주를 타도하거나 그의 권리를 인정하지 않으려는 외부의 적이 생기면, 군주는 전쟁을 통하여 신하에게 생명을 담보로 국가의 방위에 참여할 것을 요구할 수 있다. 직접적으로는 '신하들의 죽음을 꾀하지 않으면서' 합법적으로 '그들의 목숨을 위태롭게 할' 권리를 갖는 것이다. 이런 방식으로 군주는 그들에 대해 '삶과 죽음에 대한' 간접적인 권리를 행사한다. 군주에게 항거하거나 법령을 위반하는 자 또한 징벌을 이유로 그들의 생명을 빼앗을 수 있다. 우리는 이 같은 상황을 1757년, 루이 15세의 살해범인 다미앙의 잔혹한 처형 장면에서 목격할 수 있다.

이런 식의 삶과 죽음에 대한 권력은 비대칭적이다. 살게 하거나 죽게 내버려 둘 권리는 군주로부터 나올 뿐 그 역은 성립되지 않기 때문이다. 이러한 권력이 행사되는 양태는 주로 징수, 생산물, 재산, 봉사, 노동 갈취에서 비롯되었고 생명 탈취에서 극에 달한다.

그러나 고전주의 시대 이래로 이러한 기제는 변화를 겪는다고 푸코는 설명한다. 징수나 갈취는 이제 더 이상 권력 행사의 주된 형태가 아니라 선동, 강화, 통제, 감시, 조직화의 기능을 하는 여러 가지 요소들 가운데 하나에 지나지 않는 경향을 띠게 된다는 것이다. 푸코에 따르면 파괴의 측면에 몰두했던 권력이, 이제는 여러 힘을 산출하고 증대시키고 조직하는 데 몰두한다. 그리하여 죽음에 대한 권리는 삶을 관리하는 권력의 요구 쪽으로 방향을 선회하기 시작한다. 막강했던 죽음에 대한 권력이 이제는 삶을 관리하고 최대로 이용하고 통제하며, 전체적으로 조절하려고 시도하는 권력의 보완물로서 주어진다.

전쟁은 이제 더 이상 수호되어야 할 군주의 이름으로 행해지지 않는다. 모든 사람의 생존이라는 명목으로 전쟁이 이루어지며, 주민들 전체가 생존의 필요라는 명목 아래 서로 죽이도록 훈련받는다. 그토록 많은 체제가 그토록 많은 전쟁을 수행함으로써 그토록 많은 사람들을 죽이게 만들 수 있었던 것은 삶과 생존, 육체와 종족의 관리자로서이다. 쉬운 예로 미국의 이라크 전쟁을 떠올려 보자. 전쟁의 명분이 만약 조지 부시 미국 대통령으로 대변되는 군주의 이름 아래 그 권력을 드높이기 위해 이루어진다면, 아마도 아무도 전쟁에 참여하지 않았을 것이다. 비록 명분 차원에서라 할지라도 전쟁의 목적은 최소한 대통령이라는 이름을 가진 군주는 아닌 것이다. 국민 내부의 이익, 그들의 안전이 국가 이익이라는 타이틀을 달고 전쟁에 참여하게 하는 것이다.

오늘날의 핵무기 상황은 이 과정의 귀착점이라고 할 수 있는데, 한쪽의 주민 전체를 죽음으로 모는 권력은 또 다른 주민에게는 생존의 유지를 보증하는 권력의 이면이기 때문이다. 소규모 전투를 뒷받침하던 원리, 즉 살아남기 위해서는 죽일 수 있어야 한다는 원리가 국가 간의 전략 원리로 변했다. 문제는 더 이상 군주권이라는 법적인 존재가 아니라 주민이라는 생물학적 존재인 것이다.

이 같은 상황을 염두에 두고 사형의 문제를 살펴보자. 사형은 오랫동안 칼의 논리가 취하는 또 하나의 형태로서 군주의 의지나 신병에 위해를 가하는 자에 대한 응징 수단 중의 하나였다. 그런데 전쟁에서 죽는 자의 숫자가 증대하는 것과는 반대로 처형대에서 죽는 지는 점점 감소했다. 푸코는 권력이 삶을 관리하는 쪽으로 방향을 돌리면서 사형이라는 형벌이 점점 자취를 감추게 된 것은 인도주의적 감정이 팽배해서가 아니라, 권력의 존재 이유와 그 행사의 논리가 바뀌었기 때문이라고 설명한다.

이제 '죽게 하든가', '살게 내버려 두든가' 하는 낡은 권리 대신에 '살게 하든지' 아니면 '죽음 속으로 내쫓든지' 하는 권력이 등장한 것이다. 권력은 삶에 영향을 미치며 삶의 흐름에 따라 전개된다. 과거에 자살은 군주만이 행할 수 있는 죽음에 대한 권리를 침해하는 방식이었기에 죄로 간주되었으나, 19세기 이후 자살은 사회학적 분석의 영역에 포함되는 최초의 행동 중 하나가 되었다. 푸코는 자살이 삶에 행사하는 권력의 경계와 틈새에 개인적이고 사적인 죽을 권리를 출현시켰다고 본다.

푸코에 따르면 삶에 대한 권력은 17세기 이후 두 가지 주요 형태로 전개되어 왔다. 두 극은 서로 상반되는 것이 아니라 상호보완 관계에 있다. 하나의 극은 기계로서의 육체에 중심을 두고 육체의 조련, 육체의 최대 활용, 육체의 유용성과 순응성의 증대, 효과적이고 경제적인 통제 체계로의 육체의 통합에 초점을 맞춘다. 이 모든 것은 '규율'을 특징짓는 권력인 인체의 '해부 정치학'에 의해 견고하게 된다. 또 다른 극은 생명의 역학에 관계되며 생물학적 과정에 연루되는 종 개념으로서의 육체를 중심으로 한다. 여기서는 생식, 출생률과 사망률, 건강 수준, 수명, 장수 그리고 이러한 것들을 변화시킬 수 있는 제반 조건들이 중심 문제이다. 따라서 인구를 대상으로 한 '생체 정치학'이라고 할 수 있다.

신체에 대한 규율과 인구 조절은 삶에 대한 권력의 조직화가 이루어지는 공간에서 두 극을 이루는 셈이다.

고전주의 시대에 자리 잡기 시작한 이 양극적인(해부학적인 동시에 생물학적이며, 개별화하는 동시에 특성별로 분류하고, 육체의 기능과 삶의 과정에 관심을 집중하는) 거대한 기술 체계는, 이제부터는 죽이는 것이 아니라 온통 삶을 둘러싼 것들에 집중되는 권력을 특징짓는다.

푸코는 오래전부터 군주의 권력을 상징하던 죽음에 대한 권리는 이제 육체와 삶에 대한 관리 영역으로 진입한다고 설명한다. 그리하여 고전주의 시대에 다양한 규율 제도들이 학교, 병영, 일터 등에 급속하게 나타나고, 정치와 경제의 영역에 출생률, 장수, 공중 보건, 주거, 이주의 문제들이 등장하게 된다. 또한 신체의 관리와 주민의 통제를 위한 다양한 기술들도 폭발적으로 나타난다. 인구 통계학, 다양한 삶에 대한 분석, 관념학파의 등장은 바로 이러한 맥락에서 이해될 수 있다. 성적 욕망의 장치 또한 바로 이러한 배치 위에서 기능한다고 볼 수 있다.

이러한 생체 통제 권력은 자본주의 발전에 불가결한 요소라고 볼 수 있다. 왜냐하면 자본주의는 생산 체제 내에 통제된 육체를 통합시킬 필요가 있었으며, 인구 현상의 조정을 조건으로 해서 확고해질 수 있었기 때문이다. 말하자면 인력의 축적을 자본의 축적에 맞추어 조절하고, 인간 집단의 증가를 생산력 확대와 이윤의 차별적 배분에 결부시키는 두 조작은 다양하게 행사되는 생체 통제 권력에 의해 부분적으로 기능하게 되었다.

기아와 전염병으로 인해 드리워졌던 죽음의 문제는 생명 일반에 관한 지식의 발달과 농업 기술의 개량, 생명에 관한 일반적 통제에 의해 사라지게 되었다. 그리고 그 여유 공간에 삶의 과정에 대한 권력과 앎의 개입 및 통제의 시도가 끼어들었다. 푸코는 이때가 바로 역사상 처음으로 생물학적인 것이 정치적인 것에 반영되었을 시기라고 본다.

생체 통제 권력의 발전이 가져온 특이한 점은 '규범'이 등장하면서 법률 체계를 희생시키고 보다 더 중요한 자리를 차지하게 되었다는 점이다. 법이 죽음으로 무장하고 법을 위반하는 자에 대한 위협 수단으로 죽음을 삼았다면, 삶에 대한 권력은 지속적인 조절과 교정의 기구를 필요로 한다. 여기서 푸코가 강조하고 싶은 것은 법이 사라지고 있다거나 사법제도가 소멸되고 있다는 것이 아니다. 법이 점점 더 규범으로서 기능하게 되고, 사법제도는 조절 기능과 관련된 의료기관이나 행정기관에 통합되어 간다는 것이다. 그러므로 규범화를 추구하는 사회는 삶을 중심으로 한 권력 기술 체계의 역사적 결과인 셈이다. 정치적 투쟁의 쟁점이 된 것은 이제 법 그 자체가 아니라 삶, 육체, 건강, 행복, 그리고 요구의 만족에 대한 권리인 것이다.

정치적 쟁점으로서 성이 중요한 자리를 차지하는 이유는 삶에 근거를 둔 모든 정치적 기술체계가 전개되어 온 역사에서 성이 두 중심축의 연결점에 해당되기 때문이다. 한편으로 성은 규율 효과가 작동하는 거점인 신체와 결부되고, 다른 한편으로는 인구 조절과 관련된 여러 문제에 적용되기 때문이다.

그것은 세밀한 감시, 끊임없는 통제, 지극히 꼼꼼한 공간적 구획 정리, 무한정의 의학적·심리학적 검사, 육체에 대한 모든 미세 권력을 야기할 뿐만 아니라, 대대적인 조치, 통계학적 추정, 사회체 전체와 여러 집단들에 개입한다. 성은 육체의 생명과 동시에 인류라는 종의 생명에 대한 접근 수단이다.

성은 규율이 기대고 있는 모체로서 또 조절의 원리로서 이용된다. 그래서 19세기에 성적 욕망은 추적당하고, 행동을 통해 탐지된다. 또한 생식을 선동하거나 억제함으로써 정치적 조작과 경제적 개입의 매개물이 된다. 말하자면 육체의 조련이라는 규율의 목적과, 인구 조절이라는 목적을 다양한 형태로 결합시키는 여러 전술 전체가 성에 관한 기술체계 내부를 장식하고 있는 것이다. 육체와 인구의 접합 점에서, 성은 죽음의 위협보다는 오히려 삶의 관리를 둘러싸고 조직되는 권력의 중심 표적이 된다.

푸코는 오랫동안 우리 사회를 지배해 왔던 것이 '피의 사회'였다면, 이제는 '성의 사회', 즉 성적 욕망의 사회로 변모하게 되었다고 설명한다. 혼인 제도, 군주의 정치 형태, 신분과 인습적 계급에서 나타나는 차별화, 그리고 가계의 중요성이 지배하는 사회에서 권력은 피를 통해 행사되고, 피는 하나의 기본적 가치를 이룬다. 그러므로 이러한 사회에서 피는 상징적 기능을 하는 현실이다. 반면에 육체, 삶, 생명, 종족, 건강, 자손, 인구를 매개로 권력이 작동하는 성의 사회에서 성적 욕망은 일정한 의미와 가치를 지니는 효과로서 기능한다. 권력은 성적 욕망의 윤곽을 뚜렷하게 나타나게 하고 그것을 부추기며, 달아나지 않도록 늘 통제해야 할 대상으로서 사용한다.

여기서 푸코는 성의 사회로 피의 사회를 대체하겠다는 의도를 가지고 있다기보다는, 성적 욕망이 우리사회에서 억압당해 왔기는커녕 반대로 끊임없이 부추겨지는 이유를 찾고자 한다. 그는 '피의 상징학'에서 '성적 욕망의 분석학'으로 옮겨 가게 한 것은 바로 고전주의 시대에 구상되어 19세기에 실행된 새로운 권력 절차들이라고 본다. 피, 법, 죽음, 위반, 상징체계, 군주권 등은 피에 속한다. 반면 규범, 삶, 규율, 조절 등은 성적 욕망에 속한다.

진리는 유통되는 담론 내에서만 유효한가?

푸코의 문제 제기가 갖는 독특함은 기존의 문제에 완벽한 답을 제시하는 것에 있지 않다. 오히려 그의 문제 제기가 갖는 장점은 우리 사회를 새롭게 바라볼 수 있는 다른 관점, 다른 구조를 제시한다는 데 있다. 근대인이 어떻게 구성되는가를 검토하는 과정에서 그는 이상적 근대인의 모습에 대해 질문하지 않는다. 그가 추구하는 것은 육체와 성을 매개하는 과정에 내재한 권력 기술과 그 틈을 오가는 힘의 관계이다.

푸코는 모든 사회는 그 사회를 정상의 범주에 넣는 규칙과 그 사회를 통제 조절하는 자체의 진리를 생산한다고 본다. 예컨대 정치경제학은 자본주의 사회에서 일정한 역할을 수행함으로써 부르주아적 계급의 이익에 기여해 왔으며, 처벌 체계의 정당화는 당시의 형법 체계 속에서 이루어졌다는 것이다. 따라서 이러한 지식 체계 또는 진리의 제도들이 주어진 사회의 지배적인 권력 구조와의 관계 속에서 어떻게 작동하는가를 밝혀내는 것이 계보학자인 푸코의 과제이다.

결국 푸코가 권력과 지식의 상관관계 속에서 문제 삼고 싶었던 것은 어떤 담론이 과학적이냐, 진리냐 거짓이냐의 문제가 아니라 어떻게 진리의 효과들이 그것 자체로는 진리도 거짓도 아닌 담론 내에서 생산되는가의 문제이다.

푸코에게 중요한 것은 권력의 규칙적이고 합법적인 형태들에서 그것의 일반적인 메커니즘이나 전체적인 효과를 분석하는 것이 아니라, 가장 말초적이고 지역적인 형태와 제도들 속에서 권력을 포착하는 것이다.

이것은 역사를 인간의 삶 속에서 벌어지는 구체적 힘의 관계로 이해한다는 점에서 니체(Friedrich Wilhelm Nietzsche, 1844~1900)의 '권력' 개념과도 유사하다. 푸코는 물론 여기서 진일보하여 인간 신체는 권력의 미세 전략들이 관찰될 수 있는 가장 특이한 지점이므로, 권력 효과의 다양성을 산출하는 분석 작업인 '권력의 미시 물리학'을 끌어낸다.

근대인에 대한 푸코의 계보학적 분석은 지고불변의 '주체'나 '참된 진리'를 찾는 데 목적을 두고 있는 것이 아니라 개인이 어떤 권력 장치와 관계 맺고 있는가를 드러내는 것이다. 우리는 푸코의 문제 틀과 접근 방법을 근대의 문제 틀에서 비판하는 것에서 탈피하여, 그의 문제 제기 자체가 담고 있는 의미와 적절성을 다시 한 번 되새겨 볼 필요가 있다.

그는 완전히 다른 사회나 제도 다른 문화를 내세워 세계를 총체적으로 바꾸려고 하지 않을 뿐만 아니라, 그것이 가능하다고 보지도 않는다. 보편적 문제 제기와 총체적 변화는 또 다른 억압과 폐해를 가져올 뿐이므로 잠정적이고 국지적인 접근만이 우리에게 가능하고 또 필요하다고 본다. 푸코의 관점에서 보면 총체적 변혁을 이룰 유일한 집단이나 계급은 존재하지 않으며, 여러 가지 방식으로 다양하게 접근할 수 있는 저항만이 있을 수 있다. 그래서 자신이 속해 있는 공간에서 구체적이고 특정한 투쟁을 하는 특수한 지식인의 역할이 필요한 것이다.

📦 더 읽어 볼 책들

- 에드워드 윌슨, 이한음 옮김, 『**인간본성에 대하여**』(사이언스북스, 2000).
- 도널드 시먼스, 김성한 옮김, 『**섹슈얼리티의 진화**』(한길사, 2007).
- 미셸 푸코, 이규현 옮김, 『**성의 역사 1**』(나남, 2004).
- 장 보드리야르, 하태환 옮김, 『**시뮬라시옹**』(민음사, 2001).
- 죠르쥬 바타유, 조한경 옮김, 『**에로티즘**』(민음사, 2009).
- 지그문트 프로이트, 서석연 옮김, 『**정신분석학 입문**』(범우사상신서, 1996).

민음 지식의 **정원** 철학편 003

성 철학

인간의 성적 욕망은 어떻게 생겨날까?

1판 1쇄 찍음 2009년 12월 11일
1판 3쇄 펴냄 2018년 9월 20일

지은이 | 홍은영
발행인 | 박근섭
펴낸곳 | ㈜민음인

출판등록 | 2009. 10. 8 (제2009-000273호)
주소 | 06027 서울 강남구 도산대로 1길 62 강남출판문화센터 5층
전화 | 영업부 515-2000 편집부 3446-8774 팩시밀리 515-2007
홈페이지 | minumin.minumsa.com

도서 파본 등의 이유로 반송이 필요할 경우에는 구매처에서 교환하시고
출판사 교환이 필요할 경우에는 아래 주소로 반송 사유를 적어 도서와 함께 보내주세요.
06027 서울 강남구 도산대로 1길 62 강남출판문화센터 6층 민음인 마케팅부

ISBN 978-89-94210-04-9 04100
ISBN 978-89-94210-01-8(세트)

㈜민음인은 민음사 출판 그룹의 자회사입니다.